発達障害のある子が育つ
150の学習課題 & 学び術

添島 康夫 著

子どもの中に
「育ちの力」と
未来を拓く学びが
見えてくる…

明治図書

はじめに

　発達障害のある子たちの未来を切り拓いていくためには，今を，どうやって歩んでいけばいいのだろう？
　発達障害のある子の「育ち」を支える「術」は，何かないだろうか？
　発達障害のある子たちは，4つの「できにくさ」を抱え，「やりたいんだけどできない」状態になってしまうことに苦しんでいる。
　落ち着いて先生の話が聞けずに，教室を飛び出してしまう子。
　勉強の内容を「本当にわかる」という体験ができずに，自分自身を傷つけるまで苦しんでいる子。
　授業で思うように活動できない自分に苛立ち，感情をストレートに友だちにぶつけ，授業の邪魔をしてしまう子。
　周りの様子や他の人の気持ちを考えられず，自分の行動を振り返ることも苦手で，「自分がルール」だと開き直り，自分勝手な言動をしてしまう子。

○指示理解・課題遂行…指示を理解しながら行動し，課題を最後までやり遂げる。
○学び・考える力…意図，概念，論理を文脈に沿って理解，思考しながら学習を進める。
○気持ちの調整，自己モニター，行動調整の力…自分を見つめ，周りの状況に合わせて気持ちや行動を調整する。
○自我の成長，私の中の私たち…自分らしさをもちながら，みんなと学び合い，協力し合い，活動する。

　4つの「できにくさ」のために，「めんどうくさい」「どうせできないもん」と，本当の自分の力を見失ってしまうこともある。この子らの「できにくさ」を「つまずき」にしたくない。
　まして，心の傷になんて……，したくない。

発達障害のある子たちが，苦しんでいる「できにくさ」を乗り越えていく力（育ちの力）を見つけていく。発達障害のある子たちの未来を切り拓く力（育ちの力）を育てていく取り組みを考えよう。
　そのためには，4つの成長のプロセスを大事にする。

| ①理解→②サポート・活動→③学び→④自我の成長 |

①子どもたちの「やりたくてもできない」気持ちやその背景にある「できにくさ」に寄り添い，**「理解」**していく。
②「理解」を**「サポート・活動」**につなげ，子どもたちの「育ちの力」を引き出していく。（前著『発達障害のある子の「育ちの力」を引き出す150のサポート術』明治図書）
　そして，
③「サポート・活動」によって，子どもたちが何を**「学び」**，どんな力を育てていくことが，未来につながっていくのか？
④子どもたちが自分の力で活動できるようになるためには，**「自我」**（自分をコントロールする心の中の自分，私の中の私たち）をどうやって育てていけばよいのか？
　この子らの未来を切り拓く力を育てる道筋を解き明かしていく。

　発達障害のある子の「できにくさ」は，確かに手ごわい。
　「できにくさ」のため，「育ち」が阻害されてしまうことさえある。「育ちの力」を引き出すことも，パワーアップすることも，簡単なことではない。その難しさに対応できるだけの「術」（方策・スキル）が求められてくる。
　私は，日々，教室の場で，通級指導教室で，巡回相談で，子どもたちができなくて悩み，間違いやすい課題と付き合ってきた。教室での学習活動の中に，発達障害のある子どもたちの成長につながるヒントや活路があるように思えてきた。子どもたちが間違いやすい課題から，子どもたちの「できにくさ」が見えてきた。「できにくさ」と立ち向かう「術」が見えてきた。

子どもたちは，「サポート術」と「学び術」で変わってくる。

「サポート術」が「育ちの力」を引き出し，**「学び術」**を身に付けることで，未来を切り拓いていく道筋が見えてくる。

手順に沿って課題を整理する力（プランニング）や衝動的な行動をコントロールする力が伸び，教室での活動がスムーズにできるようになってきた子。

学習内容を積み上げ・理解できることから，「考える力」が伸び，気持ちが落ち着いてきた子。

「聞く力」「書く力」「学習内容をまとめる力」が伸び，教室での学習に参加できるようになってきた子。

他者の気持ちを考える力（心の理論），自分の行動を振り返る力（自己モニター），行動を調整する力が伸び，みんなと一緒に活動できることが増え，時にはグループのリーダーができるまでになってきた子。

「課題遂行の力」「学び・考える力」「自我の力」が育ってくることで行動が変わってきた子どもたち。行動が変わってくると，自分らしい「一生懸命」と「ぼくって，いい感じ！」が増えてくる。

「学び」と「自我」の成長が，一人一人のサクセスストーリーを作っていく。「サポート術」と「学び術」の両輪で，子どもたちの「育ちの力」が成長していく。

子どもたちと歩み，子どもたちが教えてくれた成長のプロセスを，本書では「150の学び術」としてまとめた。

「学び術」とは，自分らしく充実して生きていくために必要な力を学習していく方法。

大きな3つの柱に沿って，11の力を学び，育てていく。

> ①課題遂行の力…衝動性のコントロール，プランニング，ワーキングメモリー
> ②学び・考える力…聞く力，書く力，読む力，思考する力
> ③自我の成長…コミュニケーション，自己モニター，心の理論，感情と行動の調整

　それぞれの「学び」については，「何を」「何のために」「どのように」学んでいけばいいのかを考えながら進めていく。

> ◇何を（課題内容）→どんな課題を学んでいくと，子どもたちの「育ちの力」が伸びていくのか？
> ○何のために（活動の意味）→それぞれの学びは，「育ちの力」パワーアップのために，どんな意味があるのか？
> □どのように（学び方のコツ）→「できにくさ」を抱えている子の学びでは，どんな工夫をすればいいのか？

　本書にまとめた「学び術」を，日々の教室の場で，個別の学習の場（家庭，通級指導教室など）で実践する。時には，課題を重点的に学習し，日常の学習と生活をよりよくしていく。
　「学び術」を最初に会得するのは，子どもの成長を願う大人たち。しかしやがて，子どもたち自身が「学び術」を会得できるようになったとき，それは，大きな力となっていく。
　人生の分かれ道に立っている子どもたち。
　発達障害のある子どもたちは，「サポート術」によって歩き始め，「学び術」によって未来を切り拓いていく。

◆本書の使い方

・課題番号・タイトル

・課題内容（何を）
・文頭に◇の印で始まる。
・課題内容のいくつかのバージョンも紹介。

・課題，活動の意味について解説（何のために）。
・文頭に○の印で始まる。

---

24 リマインダーを活用しよう

● 課題内容／基本バージョン ●
◇リマインダーを使い，忘れそうな行動，抜け落ちてしまいそうな手順を思い出し，予定通り（プランニング）に行動しよう。リマインダーとして，①メモ ②スケジュール ③アラーム ④貼り紙 ⑤マークなどがある。

● バージョン2 ●
◇自分のやるべき行動をカードに書き出す。そのカードを決められたコーナーに貼っておく。やるべき行動の優先順位を決め，カードを順番通りに並べる。予定した行動ができたら，カードをはがしていく。活動の終わりにコーナーを見て，やるべき行動が残っていないかをチェックする。

● 活動の意味 ●
○やろうと思っても，つい活動内容や活動の手順を忘れたり，行動が抜け落ちたりしてしまうことがある。「リマインダー」とは，予定の行動を忘れないように思い出させるツールのこと。リマインダーがあれば，行動を予定通り（プランニング）に進める助けとなる。

● 学び術のポイント ●
□自分や活動内容に合ったリマインダーをその都度作る。
□リマインダーを作ってもすぐに活用できるわけではなく，それを使いこなせるように練習していくことが大事になってくる。
□リマインダーが活用できないときには，声かけ，指さしなどでリマインダーへの注意を促す。徐々に，自分の力でリマインダーを活用して行動を調整できるようにしていく。

計画通りに行動できると，気持ちがいい。リマインダーの活用を覚えて，予定通りに行動する力をアップしよう。

・学び術のポイント
　学び方のコツを紹介（どのように）。
・文頭に□の印で始まる。

・この課題を学習していくことが，自我の成長にとってどんな意味があるのか，ワンポイント紹介。
・「リュウ」は，自我のシンボル。

もくじ

はじめに 2
本書の使い方 6

1章 発達障害のある子の「育ちの力」

1. 見えにくい「できにくさ」に苦しんで ……………………… 14
2. 子どもが成長する学び術 ……………………………………… 18
3. 「育ちの力」を支えるサポート術と学び術 ………………… 22

2章 衝動性のコントロールを育てる学習課題&学び術　　課題遂行の力

4. 課題遂行の力を育てる ………………………………………… 24
5. 静止する・ゆっくり動く ……………………………………… 25
6. おちた，おちたゲーム ………………………………………… 26
7. ストループ課題 ………………………………………………… 28
8. 命令ゲーム ……………………………………………………… 29
9. あと出しじゃんけん …………………………………………… 30
10. すいか割り ……………………………………………………… 30
11. ぐるぐるカード ………………………………………………… 31
12. 書写 ……………………………………………………………… 32
13. 道具の扱い ……………………………………………………… 33
14. ルールを守る（学習，生活，ゲームなど） ………………… 34
15. 行動修正の力を育てる ………………………………………… 36
16. 長なわ跳び，キャッチボール，合奏 ………………………… 38

3章 プランニングの力を育てる学習課題&学び術　課題遂行の力

- ⑰ 見通しと心の調整 …… 39
- ⑱ ヒモ通し …… 40
- ⑲ じゃんけんトーナメント …… 40
- ⑳ 何時に着くために… …… 41
- ㉑ 虫食い算・ブロック算 …… 42
- ㉒ 国語辞典の使い方（調べる） …… 44
- ㉓ ハノイの塔 …… 46
- ㉔ リマインダーを活用しよう …… 47
- ㉕ 意欲アップ，スイッチON …… 48

4章 ワーキングメモリーを育てる学習課題&学び術　課題遂行の力

- ㉖ 記憶のいろいろ …… 49
- ㉗ 文字シャッフル（語音整列） …… 50
- ㉘ コップの記憶 …… 50
- ㉙ 動きのまねっこ（模倣） …… 51
- ㉚ 記憶ゲーム（2つ前しりとり） …… 52
- ㉛ 暗算 …… 53
- ㉜ 短期記憶 …… 54
- ㉝ 手順記憶 …… 55
- ㉞ 暗記アプリを使って …… 56

5章 聞く力を育てる学習課題&学び術　学び・考える力

- ㉟ 聞く力を育てる …… 57
- ㊱ スリーヒント …… 58

37 伝言ゲーム……59
38 お話のどこが変？……59
39 条件に合うものは…？……60
40 質問の仕方……62
41 メモを取りながら話を聞こう……64
42 見る力……65

6 章 書く力を育てる学習課題＆学び術 学び・考える力

43 書く力を育てる……66
44 漢字学習の基本……68
45 筆順アニメーション（漢字筆順）……69
46 なぞなぞ漢字……70
47 形から漢字を学ぶ……71
48 文づくり……72
49 助詞埋め……73
50 内容を豊かにすることば……74
(51) ことばつなぎ……75
(52) 文と文をつなぐことば……76
(53) 写真日記……77
(54) 絵と文のマッチング（状況の読み取り）……78
(55) 文の種類（文体）……79
(56) 視点の変化……80
(57) ４コマまんが……81
(58) 読書感想文……82
(59) タイトル，リード文，本文，構成力……83
(60) 文の構成を考えて……84
(61) うっとりノート……85

7章 読む力を育てる学習課題＆学び術　学び・考える力

(62) 音読の工夫……86
(63) なぞなぞ／関係類推……87
(64) 文脈を読む……88
(65) 段落，文章の構成……90
(66) 物語の読み方……91
(67) 気持ちを読み取る……92
(68) お話の登場人物になってみよう……93
(69) 説明文の読み方……94
(70) 事実と考えを読み分ける……95

8章 思考を育てる学習課題＆学び術　学び・考える力

(71) 間違いやすい問題の先に見えてくる……96
(72) 系列を考える（中間項の成立）……97
(73) 属性（仲間集め）……98
(74) 筆算，計算の手順……99
(75) 時刻と時間……100
(76) 共通点と差異点……102
(77) お金はいくら？……103
(78) 大きな数……104
(79) 手順（作図）……105
(80) 数直線（数量の視覚化，目盛りの読み方）……106
(81) 角度（分度器）……107
(82) 余りのあるわり算……108
(83) 四則計算の順序……109
(84) １つの式……110

- 85 工夫して計算してみよう……………………………………… 112
- 86 割合と単位量……………………………………………………… 113
- 87 ふしぎな箱………………………………………………………… 114
- 88 小数のわり算……………………………………………………… 115
- 89 算数の文章題……………………………………………………… 116
- 90 大事なポイントを整理する力………………………………… 117
- 91 ワークシートの作り方………………………………………… 118
- 92 ていねいな話し方（敬語）…………………………………… 120
- 93 柔軟な思考を育てる…………………………………………… 122
- 94 意見が対立したときは…………………………………………… 123
- 95 話し合いエクササイズ………………………………………… 124

9章 自我を育てる学習課題&学び術　自我の成長

- 96 後ろを振り返ろう……………………………………………… 126
- 97 今日の学習は…？……………………………………………… 127
- 98 こんなときどうする？………………………………………… 128
- 99 モデルは誰だ？………………………………………………… 130
- 100 自己紹介カード………………………………………………… 131
- 101 がんばりカード………………………………………………… 132
- 102 心のブレーキノート…………………………………………… 133
- 103 ぼくの通信簿…………………………………………………… 134
- 104 タイムライン（自己モニター）……………………………… 135
- 105 心のものさし…………………………………………………… 136
- 106 心が折れそうなとき…………………………………………… 137
- 107 起承転結で振り返ろう………………………………………… 138
- 108 怒りそうになったら，どうする？…………………………… 139
- 109 サクセススイッチを見つけよう……………………………… 140

- ⑩ サクセスストーリーを作ろう……………………………………… 142
- ⑪ 自分史づくり…………………………………………………………… 143
- ⑫ 心の杖・レジリエンス……………………………………………… 144
- ⑬ 自己有用感を高める………………………………………………… 145
- ⑭ 聞く耳を育てる……………………………………………………… 146
- ⑮ 自分を俯瞰する力を育てる………………………………………… 147
- ⑯ 心の理論（他者視点）……………………………………………… 148
- ⑰ 振り返りの原則……………………………………………………… 149
- ⑱ 気持ちと行動の修正………………………………………………… 150
- ⑲ トラブルを学びへ…………………………………………………… 152

10章 発達の筋道と学び術

- ⑳ 発達のプロセス・メカニズムと学び術…………………………… 153
- ㉑ 3〜4歳の考える力と自我………………………………………… 154
- ㉒ 4歳半の考える力と自我…………………………………………… 155
- ㉓ 6歳の考える力と自我……………………………………………… 156
- ㉔ 1・2年生の考える力と自我……………………………………… 157
- ㉕ 3・4年生の考える力と自我……………………………………… 158
- ㉖ 5・6年生の考える力と自我……………………………………… 159
- ㉗ 中学生の考える力と自我…………………………………………… 160
- ㉘ 自我の発達…………………………………………………………… 161
- ㉙ 啐啄同時……………………………………………………………… 162
  - ＊発達の質的段階…………………………………………………… 164

11章 学び術のツボとコツ

- ㉚ 子どものことは子どもに聞こう…………………………………… 166

- ㉛ 人が人を育てる　168
- ㉜ 1と1で何？　11の謎　170
- ㉝ あたかも自分で　171
- ㉞ 心と支えの距離感（□を離すな）　172
- ㉟ ～君ものさし（3つの目と時間）　173
- ㊱ ぼくの熱血　174
- ㊲～㊻　学び術, 10の極意　176
  - ㊲ 極意①学習は, 情報の正確なキャッチから始まる　176
  - ㊳ 極意②文脈の流れや手順の整理をする　176
  - ㊴ 極意③視覚化する。五感を使う　176
  - ㊵ 極意④手がかり（ヒント）を探し, ゴールをイメージする　176
  - ㊶ 極意⑤視点をいろいろ切り換える　176
  - ㊷ 極意⑥いっぱいのモデルを見つける。友だちの力を借りる　177
  - ㊸ 極意⑦学びの拠り所を見つけ, スモールステップしていく　177
  - ㊹ 極意⑧振り返って考える。自分の間違いを見つける　177
  - ㊺ 極意⑨自分に合った学び術を見つける　177
  - ㊻ 極意⑩今の自分を乗り越えるわくわくを楽しむ　177
- ㊼ 学びを支えるサポート術　178
- ㊽ チームでサポート術と学び術のリレー　180
- ㊾ 「できにくさ」と向き合う力　181
- ㊿ 私の勉強, どこからくるの？　182

※本文中の子どもの名前はすべて仮名です。

1章 発達障害のある子の「育ちの力」

❶ 見えない「できにくさ」に苦しんで

　9月下旬。教育相談で会った彩子さんは，なんでも聡明に話ができる6年生の女の子。何が困っているのか，最初はわからなかった。その彩子さんが，この頃，学校に行きたがらない日があるとのこと。教育相談が始まる時点まで，お母さんでも彼女の苦しみの正体に気がついていなかった。ただ，彼女1人が苦しみ，その苦しみの証として，彼女の爪が半分なかった。

　初めて会った彩子さんに，まず「好きなことは？」と聞いた。「社会，特に歴史。それから文を書くこと」と即座に答えが返ってきた。教育相談で子どもと話すとき，まず「好きなこと」を聞く。好きなことなら，子どもは話しやすい。時には，得意話でどんどん話が膨らんでしまうこともある。子どもの好きなことの中には，嫌いなことよりその子の今後のプラスの手がかりを見つけることができる。彼女の答えから，ことばで考えたり，覚えたり，いろいろなエピソードを記憶するのを得意としているのだなぁと感じる。

　次に，「何か苦手なことはある？」と聞いてみた。「走ること」，それからしばらく間を置いて，「算数」と答えてくれた。彩子さんの力を多角的に調べる検査（子どもには，いろいろな問題を出すよと話す）をすることを告げ，了解を得た。検査の結果，やはり言語（ことば）で理解したり，覚えたり，考えたりする力が高いことがわかった。しかし，その反面，形を見て判断することが苦手なようだ。パズルなど，形を再現する課題がほとんどできなかった。本人が心配していた算数は，思ったよりも悪くなかった。

　相談の最後に，「"今一番"困っていることは何？」と聞いてみた。

　すると「今やっている算数」とのこと。私は，今の彼女が一番困っていることに応えることにした。

　教育相談は，ある意味，大人の都合で行っている。しかし，子どもにだってその時間の子どもなりの意味がもてたらいいと思う。子どもなりの貴重な時間を割いて，私と付き合ってくれたのだから。こちらにとっての都合のよ

い話が終わったから，さぁ終わりというわけにもいかない。何か，今日のこの時間のお土産的なことをしてあげたい気持ちだった。と同時に，今一番困っていることに向かうことで，今後その問題にどれだけ，またはどこから切り込んでいけばいいのか，何か手がかりを得られないかと考えた。でも，これは勇気のいることだ。一番困っていることなので，失敗してしまうかもしれない。失敗すれば，彼女に失望を与えてしまう。しかし，少しでも手がかりを見つけることができれば，互いに希望をもつことができる。これは，子どもとの教育相談の正念場だ。

彩子さんは，「分数のわり算の文章題」が悩みだと話してくれた。分数の問題を彩子さんがわかるような簡単な数字に置き換え，文章題の意味を具体的にとらえることから始めた。それから，少しずつ数字を難しくしていった。できるだけ彩子さんが得意なことばの力を活かし，分数の意味も説明した。文章題の意味がわかり，答え方のパターンをつかむと少し安心したようだ。

「今までは，こういうときはどうしていたの？」

「なるべく答え方を丸暗記してきた」「そうかぁ」

彩子さんは，量の概念を具体的にとらえるのが苦手のようだ。でも，算数の問題の解き方をなんとかことばで覚え，苦手さと向き合ってきたのだろう。

「漢字は，大丈夫？」

漢字は形の認識。形のとらえが苦手な彼女は，どうしていたのか気になった。

「漢字も形では覚えられない…」「そうか」

「だから，漢字が出てくる文全体を覚えちゃう。そうすれば，なんとなくわかってきて，あとは何度も書いて覚える」

「一番大変だったのは，直角や角度がわからなかったこと…」

角度の数字が，何を表しているのか，その意味がわからなかったようだ。同じ角度を目で探すことも難しかったようだ。算数の宿題が思うようにできなくて，深夜になってしまうこともあるとのこと。できない問題を前に，何時間も立ち止まっていたこともあるそうだ。話を聞いて，彩子さんが自分を

守るために，今まで1人で他人の何倍もの努力をしてきたことがわかった。彼女の生きてきた時間の流れを考えると，胸が苦しくなる。

彩子さんの苦しみはいつから始まっていたのだろう？

後日，お母さんに相談内容をお話しした。

ことばで理解したり，覚えたり，考えたりすることは得意だが，形を見て判断することが苦手なこと。見た目以上に，算数が苦手だったことを話した。そして，この「見た目以上に」こそが，彩子さんの悩みの元だったことを。

お母さんは，初めて彩子さんの「つまずき」と「できにくさ」が見えてきたようだった。どれだけ彩子さんが1人でその「できにくさ」と戦い，「つまずき」に苦しんできたのかに気づいてくれた。今までの彩子さんにとって，算数は自分の考えで答えているという手応えを感じられないでいた。解き方をことばで覚えてなんとか答えていた。答えるには答えるものの，自分でその答えが合っているのか，間違っているのか，それを確かめる術がないため，常に不安と戦っていた。

小さい時から，言語で考えることが得意だった彩子さんは，周りからも親からも「いい子」と思われ，いつしか本人も「いい子」でいなくてはならないという自分への十字架を背負ってしまった。

ところが，2年生の頃から算数が苦手かなと感じ始めた。「こんな問題もできないの」と先生に言われたことが心にずっとひっかかっていたという。算数の「できにくさ」は，学年が進むたびに深くなり，でも，ことばの力でなんとか解決しながらも，不安と対峙していた。「いい子」の自分。でも算数だけは，できなくてもできたように「いい子」でいなくてはならない。だんだんと算数の勉強を始めようとするだけで，自然に爪噛みを始めてしまった。お母さんは，長い間，爪噛みをやめるように諭してきた。でも，一向に直る気配はない。そして，爪のかなりがなくなっていた。彩子さんは，自分を守るために爪噛みをしていた。

算数の「つまずき」を自分としても受け止められず，自分でなんとかしようと努力をするのだが，なかなかうまくいかない。自分1人ではどうしよう

もない。かといって，誰かに頼ることもできない。お母さんが「わからないことは聞けばいいよ」と接しても，「○年生なら，これくらいできるはずだよ」と言われてしまうようで，怖くて聞けない。そんな時間の中で，とうとう家で家族と過ごすことが減り，1人で部屋にこもってしまうことが多くなってしまった。本当は助けがほしいのに，助けを求められない苦しみ。自分でもどうしようもないうちに，自分の殻の中に入ってしまった。時には，学校へ行こうとするとお腹が痛くなってしまうこともあった。ただ救いだったのは，お腹が痛くなり学校を遅刻して行っても，担任の先生がそれを追い込まず，やさしく受け止めてくれたのでなんとか学校に行くことができた。

　その後のお母さんの行動には，驚いた。

　お母さんは，その日の夜，相談内容を彩子さんに話した。そして，彩子さんの「できにくさ」を理解せずにいたことを素直に謝った。すると，彩子さんは大泣きした。後日，お母さんが，「あんなにすごく泣いたのは，赤ちゃんの時以来でした」と話してくれた。

　そして，自分から算数で苦労してきたこと。自分が完璧にならないとかわいがってもらえないかと思っていたこと。自分がいらない存在になってしまうのではないかという不安があったこと。泣きながら話してくれた。「一生分の涙」（母，談）を流しながら話した。

　次の日から，彩子さんの行動が変わった。お母さんにベタベタとスキンシップを求めてくるようになった。自分から抱きついたり，じゃれたり，まるで小さい頃できなかったことを取り戻すかのように。今まで，彩子さんから話すことはほとんどなかったが，その日以来，うるさくなるほど何でも話すようになってきた。いつの間にか，あの爪噛みもしなくなっていた。本人に聞くと，「爪噛みをしたくなくなった」と答えてくれた。

　「できにくさ」をもっている自分と戦い，「つまずき」に苦しみながら，その奥に潜む「できにくさ」と向き合っている子どもたち。「できにくさ」を乗り越えていく学び方（学び術）を見つけてあげることができたら，きっと何かが変わっていくだろう。この子たちと「学び術」を見つけていこう。

② 子どもが成長する学び術

　つばさの教室（通級指導教室）のドアがバタンと開いて，聡君が半べそ状態で入ってきた。手には，くしゃくしゃにされた紙を持っている。
　何かトラブルを起こしてきたのかと心配になる。
　「どうしたん？」様子を聞いてみる。
　「先生が，これを持ってつばさに行っておいでって…」
　そう言いながら，手に持っていたくしゃくしゃの紙を見せてくれる。
　広げてみると，なんと算数のテスト。５年生１学期に行う「小数のわり算」のテスト。これは，ただごとではなさそう。
　「そうかぁ〜？」聡君の様子を見守る。
　「（テストが）くしゃくしゃだけど，自分でやっちゃったの？」「うん」
　よく聞いてみると，どうやらできない問題があって，悔しくてテストをくしゃくしゃにしてしまったようだ。
　「先生が，これも持っていくように，って」
　もう１枚の紙は，くしゃくしゃのテストと同じ内容の真新しいテスト用紙。
　「先生が，つばさでやっておいでって」
　「そうかぁ〜。う〜ん，これは，難しそうだね…？」
　くしゃくしゃのテストには，なんとか挑戦しようとした痕跡もあるが，途中で手に負えなくなったようだ。その問題とは，

　7.9÷2.4　商は四捨五入して，上から２けたのがい数でもとめましょう。

　小数のわり算，上から２桁の概数，四捨五入，聡君が苦手そうな要素がてんこ盛り。
　聡君は，手順を見通して考えることや一つ一つ落ち着いて考えることを苦手としている。先を急いでしまったり，周りの刺激にすぐに反応してしまう。自分の思い通りにならないとつい感情的に爆発してしまうことも多い。
　「一緒にやってみようか…」
　①まずは，わり算の復習。

本人がどのくらい理解しているか。1人でどこまでできるのか。学習の到達点，レディネス（学習準備の様子）を確かめながら，サポートの加減を探る。どこからサポートをスタートしていけばいいのかを見極めていく。

②小数点の処理（小数点の移動を行う）。

　小数点の移動を小さな矢印→で確認したり，移動した小数点の色を変えたり，小数点の移動を視覚的にわかりやすくする。

③商の見立て（見立て）

　わり算では，商の見立てでつまずく子は多い。うまく商の見立てができないと，一度考えた商を書き直さなくてはならない。正しい商にたどりつくまでに試行錯誤しなければならない。やり直しや試行錯誤を苦手としている子は多く，この力は，子どもの心の成長にとっても重要な意味をもっている。

　⇒「いくつ分入っているかな？」と思考の手がかりになることばかけをしたり，エンジンがかかりやすいように，思考や作業手順を助ける合いの手ことばをタイミングよく入れる。たとえ間違えてしまっても，いつでも助けてもらえるという安心感を作っていく。

④見立てた商で計算する（かける）

　この問題では，24×〇の計算。暗算，または別な紙に計算してみる。暗算には，ワーキングメモリーの力が必要になる。別な紙に書いて計算する場合には，上手に余白や別な紙を使わないと，計算しているうちにどこの計算をしているのかを見失ってしまう。

　⇒どこの計算をなんのためにしているのかわかりやすくするために，ポイントの数字の色を変えたり，〇で囲んだり，作業内容をスコープアイしていく。

⑤位をそろえて，ていねいに答えを書く（ひく・おろす）

　筆算の場合，計算した答えの位をそろえて書かないと，少しずつ作業がわからなくなってしまう。この問題のように何段にもわたって計算するときには，縦，横をそろえ，数字の大きさにも気をつけないと，テスト用紙の余白をはみ出してしまう。

⇒数字を書き込みやすいように目安のマス目を書いてあげる。計算の完成イメージをもちながら，何もない余白に数字を書いていくには，作業をプランニングする力やていねいに文字を書く器用さが求められる。

どうやら，これらの難しさが聡君にとって，「めんどうくさい」作業になってしまったようだ。精根尽きてしまったのもうなずける。その上，

⑥四捨五入して，上から２桁の概数

一番やっかいなポイントだ。意味を正確に理解していないと，どこまで計算すればよいのかわからない。先が見えないことは，一番辛い。この段階で，とうとうテストをくしゃくしゃにしてしまったようだ。

⇒「がい数，上から２けた，四捨五入」，それぞれの意味が教科書のどこに書いてあったのか，一緒に確かめる。どこで勉強した内容なのか，どこを調べれば解き方を思い出せるのか，自分の目で確かめる。

「そうかぁ，ここに書いてあったんだ…」

「上から２桁って，こういうことか…だから…」

「あっ，３桁まで計算して…」

「四捨五入すれば…」

思考を整理するように，思考のガイドを聡君の理解に合わせて行う。

やっと，ゴールが見えてきた。

⑦今の作業を見失わないように，他の刺激をマスキングする

作業手順が多いと，どこの計算をしているのか混乱してしまうことがある。

⇒どの場所を計算しているのかわかりやすくするため，それ以外の場所を目隠し（マスキング）する。

⑧一度できたら，類似問題に挑戦

一度できたら類似問題に挑戦し，自信を深めていく。少しずつサポートの度合いを少なくしていく（サポートのフェードアウト）。

⇒手順の確認，声かけ，マス目，暗算，スコープアイ，マスキングなどの

サポートを少なくし，自分の力でできるようにしていく。

　ここまでくると，テストをくしゃくしゃにした自分は，過去の存在になる。
⑨振り返り
　気持ちも落ち着き，自分の力でできそうに感じると，自分がやってしまった行為（テストをくしゃくしゃ）を振り返ることができる。
　⇒次に同じような課題に向き合ったときのために，ポイントを整理する。どうやってこの問題を解決したのか，解決の手順や気をつけなければならないことを言語化して記憶に残す。ポイントの確認や言語化の内容が，次回に挑戦するときの自分へのアドバイスになる。
　「これと似た問題は，どこにあったかな？」
　「わり算の答えの段が長くなるときには，文字を小さめにそろえて書く」
　「暗算が大変なときには，メモしてみよう」
　「自分の作業を一つ一つ確かめながら，先に進もう」
⑩小数の計算の手順や注意点をキーワードで確認する
　計算手順のキーワードをアルゴリズム的に確認する。
　「1小数点の移動　2見立て　3かける　4ひく　5おろす　6小数点の確認（余りのある場合，概数で求める場合などの小数点の扱いは要注意）」
　聡君の表情に，やっと落ち着きと安心が広がってきた。
　小数のわり算の中には，手順の理解，ワーキングメモリー，ていねいな活動など，発達的な要素が盛り込まれている。この問題ができることは，これらをクリアしていくことにつながる。つまり，この問題の学び術を身に付けることは，単に「小数のわり算」ができるということだけでなく，発達障害のある子の「できにくさ」と向き合う上での重要なポイントになっている。
　それにしても，こんなにも大事な問題を，聡君がつまずく前にサポートしていなかったことを申し訳なく思う。もし，どんな課題のときに，どんなサポートを，どんな学び術を，あらかじめ身に付けておけばよいのかわかっていれば，聡君がトラブルを起こすことを少なくしてあげられるかもしれない。
　「学び術」をあらかじめわかっていることが私たち大人に求められている。

❸ 「育ちの力」を支えるサポート術と学び術

① 行動⇔感情　①発達障害のある子と一緒にいるとき、「行動」と「感情」の問題に気がつくことが多い。学習活動に参加できず、落ち着いて座れず、教室を飛び出してしまう。絶えず動いてしまい、自分勝手な言動をしてしまう。すぐに興奮し、怒り出してしまう。

② 行動⇔課題遂行⇔感情　②この「行動」と「感情」の問題に影響を与えているのは、課題遂行（最後まで課題を実行する力）の「できにくさ」である。授業の中で、思うように活動できない自分に苛立ち、授業の邪魔をしてしまう。「やりたいんだけどできない自分」に苦しんでいる。課題遂行のためには、衝動性のコントロール、プランニング、ワーキングメモリーなどの力が必要になってくる。

③考える力の「できにくさ」は、課題遂行を妨げる。学び・考える力には、聞く力、書く力、読む力、思考する力がある。

④行動の土台には、「人とのつながり」の力が関係し、「人とのつながり」の力は、原因でもあり、課題遂行の成否にも影響し、子どもの成長を生み出す。時には、2次的に起きてしまう問題としても関係する。「人とのつながり」には、コミュニケーション、自己モニター、心の理論、感情と行動の調整がある。

　このように発達障害のある子は、課題遂行、学び・考える力、行動の調整、人とのつながり（みんなとともに）という「できにくさ」を抱えている。

　発達障害のある子の「育ちの力」を引き出し、パワーアップするためには、**①理解→②サポート・活動→③学び→④自我の成長**を大事にする。
①最初は、子どもの特性を理解し、感情面での理解を深める（サポート術）。
②次に、行動と感情をサポートし、活動できることを増やしていく。教室で

の活動に少しでも参加できるようにサポートしていく(サポート術)。
③活動ができるようになると,学びが増え,考える力や人とのつながりの力が伸びてくる。学び・考える力の成長は,活動をポジティブに変えていく。字が書けるようになると,授業への参加度がアップする。書く行為の中で,内言(頭の中のことば)で思考できるようになり,落ち着いて考えられるようになる。「聞く力」や「プランニング(手順に沿って情報を整理する力)」の成長から,授業で活動できることが増える(サポート術と学び術)。

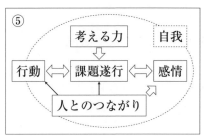

④やがて,周りの様子を見ながら活動できることが増え,行動や感情を調整できる自我が成長してくる。友だちの意見を聞いて,自分の考えと比較し,ワークシートに書き込み,考え,自分勝手なおしゃべりが減ってくる。「気持ちを考えられる力」(心の理論)の成長から,周りの人のことを考えた言動が増え,みんなとともに協力・協働・共感的な活動ができるようになってくる(学び術)。

「できにくさ」とは,できないわけではない。でもすぐに,1人で「できる」わけでもない。なんらかの手立て(術→特性に合った方法)が求められる。

自分だけではできなくてもサポートで活動できる段階(サポート術)。

活動が学びを生み,育ちの力が伸び,自我の力で活動できる段階(学び術)。

サポート術が「育ちの力」を引き出し,学び術が「育ちの力」(課題遂行,考える力,人とのつながり,自我)をパワーアップし,ポジティブな行動を生み出していく。サポート術と学び術の両輪が,発達障害のある子の「育ちの力」を支える。「学び術」では,次の3つの柱,11の力を伸ばしていく。

①課題遂行の力…衝動性のコントロール,プランニング,ワーキングメモリー
②学び・考える力…聞く力,書く力,読む力,思考する力
③自我の成長…コミュニケーション,自己モニター,心の理論,感情と行動の調整

2章 衝動性のコントロールを育てる学習課題＆学び術

課題遂行の力

④ 課題遂行の力を育てる

◇課題遂行（与えられた課題を最後までやり遂げる）のためには，どんな力を育てていけばいいのだろうか？

● 活動の意味 ●

○課題遂行をしていくためには，次のような力が必要になってくる。

指示理解（聞く力）	課題内容の情報をキャッチする。
理解・思考（考える力）	正しく課題の内容を理解する。柔軟に条件を考える。
ワーキングメモリー	課題に必要な情報の記憶を保つ。
衝動性の調整	必要のない反応を抑え，課題に最後まで集中できる。
プランニング	どうやって課題を進めていくのか，順序立てて計画する。優先順位を考えながら，課題遂行の手順を考える。
所作	ていねいに行動を進める。

● 学び術のポイント ●

□衝動性の調整（コントロール）をするためには，
- 条件によって，反応したり，反応しなかったりできる（**GO／no-GO**）。
- 感情や気持ちのテンションをコントロールする（**気持ちのコントロール**）。
- 必要に応じて待ち，必要に応じてスタートできる（**スイッチON・OFF**）。
- 余計な刺激に惑わされない（**集中の持続**）。
- ルールを守って行動する（**ルールを守る**）。
- 行動を振り返り修正できる（**行動修正**）。

などの力を育てていく。

発達障害のある子は，これらの力になんらかの「できにくさ」をもっていることが多いため，一つ一つの力を伸ばしていく。

5 静止する・ゆっくり動く

● 課題内容／基本バージョン ●

◇音楽や歌遊びなど，テンポに合わせて動こう。

例：「♪あたま，かた，ひざ，ポン」の歌遊びをスピードを変えて楽しむ。
「ちびっこ忍者」の歌に合わせ，「忍び足」のイメージでゆっくり歩く。
音楽に合わせて，すばやく止まる，休符を感じる，歌い出しできる。
書道で，筆の速度や力加減をコントロールする。
授業や活動の始めに，あえて何もしない時間（静止）を作る。

◇太鼓の音を聞いて，約束通りに動こう。

例：太鼓の音1つ→前へ一歩移動。音2つ→後ろに一歩移動。音3つ→何もしない。音5つ→五歩前に移動。

● 活動の意味 ●

○歌や歌遊びなどの刺激の内容に応じて，活動のスイッチON・OFFの切り替え，「静」から「動」への切り替え，「GO／no-GO」，活動の速度や状況に合わせて動く力などを育てていく。自分の動きを何かに合わせてコントロールできる感覚は，衝動性をコントロールする力の土台となっていく。

● 学び術のポイント ●

□行動調整の力を，次のような段階で育てていく。

①一緒に動いたり，周りの友だちの動きを**模倣**したりしてできる段階。
②サポートの声かけなど，**行動のきっかけ**があればできる段階。
③繰り返し活動し，**見通しをもつ**ことでできるようになる段階。
④「止まる」「ゆっくり」など，**言語的な刺激**があればできる段階。
⑤**ルーティン**（決まった場面での繰り返し）の中でできる段階。
⑥周りの状況を**自分なりに判断**して，行動のスピード調整ができる段階。

止まる，ゆっくり動く，など自分の動きをコントロールする力から，衝動性をコントロールする力を育てていこう。

⑥ おちた，おちたゲーム

● 課題内容／基本バージョン ●

◇おちた，おちたゲームをしよう。

　リーダーが「♪おーちたおちた」と歌いかける。子どもたちが「なーにが落ちた♪」と聞き返す。リーダーは「りんご」「かみなり」「げんこつ」などのことばを返す。子どもたちは，ことばに合った動作をする。

りんご→胸の高さで両手を上に向け，りんごをキャッチする動作。

かみなり→両手でへそを隠す動作。

げんこつ→頭の上を両手で押さえる動作。

◇慣れてきたら，最初に決めた「りんご」以外のことばのバリエーションを広げる。

ほっぺ→ほっぺを押さえる動作。

星→手をきらきらさせる動作。

◇「り，り，り…」と引っ張り，「りす」と予定されていないことばをあえて言う。この場合は，反応しないというルールにする。

● バージョン2 ●

◇互いに，「ねずみチーム」「ねこチーム」に分かれて向かい合う。

　リーダーの「ねこ」のことばで，ねこチームがねずみチームを追いかける。反対に，「ねずみ」のことばで，ねずみチームがねこチームを追いかける。また，「ねんど」では，どちらのチームも反応しない。

● バージョン3 ●

◇オオカミ役（鬼）とひつじ役に分かれる。ひつじ役になった子どもが，オオカミ役に「今，何時？」と尋ねる。オオカミ役が「夜中の12時」と答えたときだけ，オオカミ役がひつじ役を追いかける。ひつじ役は，オオカミ役につかまらないように安全地帯まで逃げていく。指定された以外の時間を言わ

れたときは，動かない（反応しない）。

● 活動の意味 ●

○この活動は，指示を聞いて，それに応じた反応を楽しむ遊びである。刺激に応じて反応する，たとえ刺激があってもあえて反応しないなど条件に応じた行動をするゲーム。テンポを変えても，バリエーションを広げても対応できることは，行動への反応や柔軟性を育てていく。

○「り，り，り」と語頭の音を聞くと，子どもたちは，「りんご」の動作をしようと身構える。もしその直前に，テンポの速いパターンを行っていれば，すぐに反応しようと躍起になっているから，ますますよい。しかしそこで，予定にないことば「りす」とあえて言う。子どもたちは，ことばの刺激があっても何も反応しないという矛盾した行動を行わなければならない。刺激があっても，「ん，待てよ」と自分の行動を調整し，あえて反応しないという行動をとれることは，衝動性コントロールの一歩になっていく。

○ことばの刺激→刺激に合った反応，これを「GO反応」と呼ぶ。一方，ことばの刺激があっても→刺激に反応しない，これを「no-GO反応」と呼ぶ。条件に応じて，「GO反応」「no-GO反応」を使い分けられることが，衝動性（刺激にすぐに反応してしまう特徴）をコントロールする力の土台となっていく。

● 学び術のポイント ●

□ルールを覚えきれないときには，集団の中で正確に活動できている子の**模倣**から徐々に自分で判断して活動できるようにしていく。

□歌，歌遊び，決まった反応をするゲームなどは，条件に合わせた行動を**繰り返し**の中で学習できる。繰り返しを通じ，いつ刺激がくるのかを見通すことができ，見通しをもって行動ができるようになっていく。

□「GO反応」へのドキドキ感や身構え，「no-GO反応」での行動のコントロールを培うことで，普段の指示（刺激）への反応性が高まっていく。

> 条件に合わせた行動の学習は，衝動性をコントロールする力の始まり。

7 ストループ課題

● 課題内容／基本バージョン ●
◇ストループ課題に挑戦しよう。

　赤，緑，黒，青の色で書かれた「あか」「みどり」「くろ」「あお」の16通りの文字カード。文字の意味と文字の色が違うカードを見て，指定された条件に合う内容を答える。例えば，青の色で書かれた「あか」のカードを見た場合，①文字を読んでください。この指示では，単純に文字を読み，「あか」と答える。②文字の色を言ってください。この指示では，文字の色の「青」と答える。③指定の条件（文字，文字の色）を交互に変える。

● 活動の意味 ●
○ストループ課題のカードを見たとき，文字の意味と文字の色という2つの情報（刺激）が同時に入る。同時に2つの情報を目にしたとき，2つの情報が影響し合う現象を『ストループ効果』と呼ぶ。文字の意味が「あか」でも，指示が文字の色ならば，1つの情報（この場合は，文字の意味の情報）を抑制し「青」と答えなければならない。条件によって条件に合わない行動を抑制する活動は，衝動性をコントロールする力の育ちへとつながる。
○条件に応じて反応する力。課題を最後まで集中して行う力が求められる。

● 学び術のポイント ●
□条件を切り換えるときが，一番大事になる。子どもが「どっちだろう？」と迷う瞬間，迷いの中から，**条件に合う行動**を選んでいけるようにする。
□子どもの反応を見ながら，カードを出す**速度，タイミング**を変えていく。少しずつスピードを上げても，正確に反応できることを目指す。
□文字の意味を聞いた場合と文字の色を聞いた場合で，反応速度が違う場合がある。文字の意味を読むほうが得意な場合は，言語優位のタイプ。文字の色を言うほうが得意な場合は，視覚優位のタイプだと推測される。

2つ以上の情報を判断して，正しい反応ができる力を育てていこう。

8 命令ゲーム

● 課題内容／基本バージョン ●

◇命令ゲームをしよう。

　リーダーが「命令○○してください」と，指示の前に「命令」（他には，「さあ」など）を言ったときにだけ指示に従う。

　①まずは，命令を出すリーダー役と命令に応える役に分かれる。
　②リーダーが「命令，座ってください」と言ったら，座る。
　③リーダーが「命令，立ってください」と言ったら，立ち上がる。
　④リーダーが「右手を上げてください」と言った場合は，「命令」ということばが最初についていないので，反応しない。

● バージョン2 ●

◇リーダーが命令に合わせて動いたり，わざと命令とは違う動きをする。聴覚的な刺激と視覚的な刺激で，動きをわかりやすくしたり，わざとミスリードしたりする。見た目の間違った動作に惑わされず，より正確にことばの指示に反応できる力を育てる。

● バージョン3 ●

◇命令内容の実行の前に，2回手拍子をしてから反応する。
◇命令内容を2つの動作にする。動作を複雑にする。
例：「命令，座って右手を上げてください」

● 活動の意味 ●

○命令ゲームは，言語刺激の「GO／no-GO」を高める遊び。指示への集中力や判断力が育っていく。条件を複雑にすると，よりキーワードを聞き分け，ワーキングメモリーを培っていくことになる。バージョン2のように，動きを誘発する動作があると，**行動を抑制する力（no-GO）**が必要とされる。

> 指示のことばを聞き，判断し，行動できる力を育てよう。

⑨ あと出しじゃんけん

○ 課題内容／基本バージョン ○
◇指示に合わせて、あと出しでじゃんけんをしよう。
　①「勝ち」の指示で、勝つ手を出す。②「引き分け」の指示で、同じ手を出す。③「負け」の指示で、負ける手を出す。
◇指示を出す人の手を両手にする。子どもは、2つの手の形を見て、2つの反応を同時に行う。「右手はパー、左手はチョキ」→「負け」の指示で「右手はグー、左手はパー」を出す。

○ 活動の意味 ○
○条件に応じて、行動する力を育てる。

○ 学び術のポイント ○
□子どもの様子に合わせスピードを調整する。条件に合わせて行動を調整する姿を見守る。慣れてくることで、スピードを上げ、反応をよくしていく。

⑩ すいか割り

○ 課題内容／基本バージョン ○
◇目隠しをして、指示する人のことばを聞き、目的の場所に向かって歩こう。

○ 活動の意味 ○
○見えない世界で、ことばのサポートを頼りに歩くことで、聞く耳が育つ。自分がどこを歩いているのかを想像していく力は、自己モニターの一歩となる。不安と向き合いながら、慎重に行動する力は衝動性のコントロールにつながる。

○ 学び術のポイント ○
□すぐにできない場合は、①目を隠さずに歩く　②手を引かれて歩く　③マットの道を作り、マットの道を頼りに歩くなどの工夫をする。

11 ぐるぐるカード

● 課題内容／基本バージョン ●

◇ぐるぐるカードを並べよう。

カードをしりとりでつなげていくと，大きな丸になるようなカードを作る。

● バージョン2 ●

◇縦，横の表に2つの属性の枠を作り，ルールに応じてカードを並べる（「73 属性（仲間集め）」の項目を参照）。

例1：縦軸に主語（人），横軸に（動き）を作り，「誰々が○○をしている」絵カードや文字カードを2つの条件を満たすところに置いていく。

例2：縦軸（物），横軸（数），カード「○○がいくつ」

◇ジグソーパズルやトランプの七並べのゲームを行う。

● 活動の意味 ●

○最後のゴール（ルール通りに並べたきれいな丸の状態）を目指して，一枚一枚のカードをていねいに並べていく。作業を通じて，集中力や「めんどうくささ」を乗り越える行動の調整力が育っていく。

○パズルなど，一定のルールに基づいてカードや物を並べられる力が育つことで，片付けをする力の土台となる。一定の条件，文脈（しりとり）に応じてカードを並べていく中で，試行錯誤できる力が育つ。

● 学び術のポイント ●

□慣れないうちは，カードが入る**枠**を用意し，枠にはめ込んで並べやすくする。慣れてきたら，子どもの力で完成の丸を意識しながら，並べるようにしていく。

□1人で難しいときには1枚ずつ**交代**で行い，活動への集中をつないでいく。

□並べるカードの枚数は，**子どもに応じて調節**する。

考えながらカードをきれいに並べ，思考と実行機能の力をアップしよう。

12 書写

● 課題内容／基本バージョン ●
◇字形，運筆（スピード，力加減），道具の扱いに気をつけて書写をしよう。
◇文字ごとの筆の運びのポイントを意識して練習しよう（例：永字八法）。

● 活動の意味 ●
○書写では，目標に向かって自分の動きを制御する，道具の扱い，所作に気をつける，ていねいに活動するなど，衝動性をコントロールする力が育つ。

● 学び術のポイント ●
□最初に，書写のルール，道具の扱いなどの注意点を学習する。
□お手本の横に，筆の運び，よい形を書くためのポイントなどが列記してあると，それを見ながら練習できる。
□次のステップを踏んで練習する。
　①指の運びだけで行う。②先生の動きを見ながら模倣する。空書きをする。③お手本をなぞり書きする。④筆の動きをイメージすることばを頼りに動きを制御する。例：右払いのときに，「ちょい（少しずつ力を入れる），グー（払う直前に力を貯め），スー（徐々に力を抜きながら筆を払っていく）」
　⑤墨をつけずに，筆の動きを練習する。
　⑥目をつぶり，頭のイメージで，道具の扱い，筆使い，注意のポイントを**シミュレーション**する。
　⑦できた作品を振り返り，次回の活動に活かすポイントを整理する。あらかじめ**振り返りのポイント**を明確に記したカードを作り，振り返る（ポイント例：形，のびのびさ，筆運び，名前など）。

書写は，衝動性をコントロールする力アップの絶好のトレーニング。

13 道具の扱い

● 課題内容／基本バージョン ●
◇彫刻刀を正しく使って，作品を作ろう。

● バージョン2 ●
◇他にも，道具には，鉛筆，消しゴム，筆箱，ハサミ，のり，定規，コンパス，分度器，絵の具などがある。それぞれの道具を正しく扱っていく。

● 活動の意味 ●
○彫刻刀は，両手で持って操作する道具。利き手で前に押し（「GO反応」），もう一方の手で力加減を制御する（「no-GO反応」）。1つの動きの中に，「GO／no-GO反応」が求められる活動となっている。つまり，彫刻刀を上手に扱えるという活動の中で，衝動性をコントロールする力が育っていく。また，道具には危険が伴うこともあり，使う上での注意するポイントも多く，それを意識して活動できることが大事になってくる。

○道具の準備を苦手としている子も多いので，ことばの注意と視覚的な手がかりを用意する。また，準備する前日，直前など，あらかじめ準備の意識を高めるようにサポートする。

● 学び術のポイント ●
□**事前**に正しい道具の扱い，使用上のルール，注意点を学習する。
□扱いのポイントをキーワードで**復唱，確認**する。
□実際に道具を持つ前に，**シミュレーション**する。
□活動中でも，一つ一つの動きを確認する。
□正しく道具が扱えているのか，見守る。場合によっては，**モデル**を示す。
□道具の扱いのポイントに沿って，活動後に**振り返る**。

道具の扱いには，実行機能の働きが反映されている。一つ一つの道具の扱いを学習することで，実行機能の力をアップしよう。

14 ルールを守る（学習，生活，ゲームなど）

● 課題内容／基本バージョン ●

◇学習ルールを守ろう。学習ルールには，①時間を守る　②学習道具の準備や片付け　③学習時の姿勢や態度　④発言の仕方　⑤聞き方　⑥ノートの使い方　⑦宿題　⑧教科学習に応じたルール（図工，書写，体育）　⑨その他（順番，提出物の出し方など）などがある。

● バージョン2 ●

◇生活ルールを守ろう。生活ルールには，①あいさつ　②道具の片付け　③移動（特別教室への移動，廊下の歩き方，登下校）　④みんなで使う場所の使い方（トイレ，水飲み場など）　⑤遊び方（場所，道具の使い方や整理）　⑥給食　⑦掃除　などがある。

● バージョン3 ●

◇ゲームのルールを守ろう。ゲームを通して，ルールに応じて活動し，楽しむことを理解していく（各種ゲーム，リレーなど）。

● 活動の意味 ●

○ルールを守れるかどうかは，まさに衝動性コントロールの分かれ目といえる。ルールの背景には，その訳があり，集団で学習，生活，遊ぶための合理性がある。それを理解し，自分の行動を調整していく。

○ルールを守るのが苦手な原因として，「ルールの理解が苦手・ルールのための欲求の抑制が苦手・ルールを守るための実行機能が苦手・ルールを忘れて，自分勝手に行動してしまう（衝動性）」などが考えられる。ルールを守ることを通じて，理解，感情コントロール，実行機能，衝動性をコントロールする力などを育てていく。「はきものがそろうと，心もそろう」精神。

○みんなで気持ちよく活動するためには，ルールを守ることが大切であることを知る（ルールを守ることで新たな行動の自由を獲得する）。

● 学び術のポイント ●

- □ルールの**事前確認**。ルールの基準枠をわかりやすくガイドする。
- □ルールの**言語化**。ルールのポイントをキーワードで確認し，復唱する。
- □ルールの**視覚化**。ルールの内容を見た目でわかりすく表示する。ルールのポイントを，目につく場所（筆箱，机の隅，黒板，ルールコーナー，教室のドア，必要な場所）に貼り，注意喚起する。
- □ルールの**ルーティン化**。同じ状況の下で，ルールを繰り返し守り，習慣にしていく。ルーティン的なルールからルールを守る感覚を培っていく。
- □ルールの**記憶化**。繰り返しルールを確認することで，ルールを記憶していく。いつでも確認できるシートを作る。マイルールブックを作る。
- □ルールの**自己チェック**。活動中，活動後に，自分の行動がルールに沿っているかを自己チェックする。振り返りカードを作る。ゲームの審判役を行うことで，ルールを守る順応性を高めていく。
- □ルールの**見守り**。ルールに沿って行動できているか，見守っていく。
- □ルールへの**助言**。ルールを守ることへの自覚が弱い場合，「この人」に言われたら守れるという時期もある。そういう時期を通じ，ルールの普遍性に気づかせる。また，ルールの内容をすべて助言することから「…のときは？」と手がかりだけを助言し，自分で気がつけるように促していく。
- □ルールの**学習**。ルールの内容に合う場面を意図的に設定し，ルールの内容や必要性を学習する。ロールプレイやシミュレーションしていく。
- □ルールの**訳の理解**。ルールの背景にある訳（ルールを守ることで何が守られているのか，ルールを守らないとどんな問題が起きるのか）を理解していく。ルールの訳を確かめ，ルールを守ることへの意識を高める。
- □ルールの**モデル化**。ルールを守っている人の姿から，望ましい行動のあり方を学習する。モデルを見つけることは，自己モニター化にもつながる。
- □ルールの**ステップ化**。守れそうなルールから少しずつ体験を積み上げる。

> ルールを守る力が育つと，活動できる幅が広がっていく。

15 行動修正の力を育てる

● 課題内容／基本バージョン ●

◇発達段階に応じた，行動修正を目指そう。

- **1歳半**　「～デハナイ…ダ」この刺激にはこの行動と，1対1対応の反応的な行動をする。ある程度の繰り返しの行動をパターン的に行う。
- **3歳**　「…ケレドモ…ケレドモ」自分の欲求や理解と周りの状況との葛藤が生まれる。人や場のタイミングが合えば欲求を抑えて行動調整できる。
- **4歳半**　「…ダケレドモ…スル」「ダッテ…ダモノ」周りの状況や訳に応じて，自分の欲求を抑えて行動できる芽が育ってくる。
- **1・2年生**　「先生やみんなと約束したから…」とあらかじめの約束やルールであれば行動調整できる。「誰々さんがしてたから…」など，他者の中に自分と似ている部分を見つけ，できそうなことを誰かの助けを借りながら行動修正する。自分の思い通りにならないときでも，感情の調整をする芽が育ってくる。
- **3・4年生**　「ミンナハ…ダカラ，ボクモ…」他者の行動を自分の中に取り入れたり，集団のエネルギーと自分の欲求とで葛藤しながらも，集団に合わせて行動修正できるようになる。ただし，集団が悪い方向に進んでしまうと自己修正ができないことがある。行動を正す機会を与えられたり，サポートがあったりすれば，自分の行動を振り返ることができる。
- **5・6年生**　「○○さんは，すごい！　ぼくも○○さんみたいにがんばりたい…」「きっと○○さんの思いは…だから，ぼくも…する」「…したら～になってしまうかもしれないから，…する」他者の思いや行動を受け止め，自分の行動を振り返りながら行動できる。行動の意図，背景を想像して他者を理解し，自分の行動の調整をする。行動する前に頭の中で試行し，これをやったら最悪こうなってしまうかもしれないという想像から，自分の行動を調整していく。
- **中学生**　「…するのは，自分らしく意味があるから…する」自分が認めた

価値感に向かって，自分らしさを求めて行動調整をしていく。また，目の前の集団や体験した範囲のことだけでなく，自分が目にしていない集団や体験していないことでも，理解を深め行動調整ができる。判断の基準や意識が自分の身近な世界から，少しずつ社会的な判断へと広がっていく。

● 活動の意味 ●

〇発達年齢に応じた行動修正の方法がある。行動修正に必要な思考の力と気持ちのコントロールの力，実行機能の力の育ちを見守りながら，その状態に合った行動修正の力を育てていく。

● 学び術のポイント ●

□**行動調整を促すことば**でタイミングよくサポートし，そのことばや意識を徐々に自分のものにできるようにしていく。

□「…します」「～だから，…します」小さな声の一人称のことばかけ（**耳打ちの心理学**）を行い，行動修正へのスイッチを入れる。少しずつことばではなく，サインや手がかりで気づきを促し，自分なりの行動調整の機会を作る。

□「今，どうしたらいいかな？…」と，改めて周りの**状況把握**を促しながら行動調整するきっかけを作る。

□「みんなは，何しているかな？…」「〇〇さんは，いいね…」など，周りの行動の様子から，よいモデルを見つけたり，今必要な行動に気づき，**スイッチの入れ直し**のタイミングを作る。

□「どうしても我慢できない？」内なる**自己調整の力**を信頼し，それを引き出すようにする。声のトーンが大事になってくる。

□行動の「**切り換えことば**」を学習していく。

> 行動修正の力は，発達の段階に応じて成長してくる。自分の行動を見つめ，行動を修正できる「もう1人の自分」づくり（自我）を目指そう。

16 長なわ跳び，キャッチボール，合奏

● 課題内容／基本バージョン ●
◇友だちと一緒に，長なわ跳びに挑戦しよう。

● 活動の意味 ●
○行動を調整する力が一気に育つことは少ない。ある限定された条件のもとで，みんなの行動に合わせられることを一つ一つ積み上げていくことで，行動を調整する力が少しずつ段階的に育っていく。長なわ跳びは，順番に並び，タイミングよく次々と跳ぶ活動なので，みんなのリズムに合わせて活動する力が育っていく。

● 学び術のポイント ●
□長なわの動きやみんなの動きに合わせるのが難しい場合，子どもの動きに長なわのタイミングを合わせ，跳べる感覚を培っていく。周りの友だちに，**個のリズム**に合わせてもらうことも，段階によっては必要になってくる。

□みんなの動きやなわの動きを想定しながら，**エアーなわ跳び**で，跳ぶ感覚やコツを育てていく。1人で跳べる力を伸ばしていく。

□みんなの動きに合わせる活動には，他に，キャッチボール，順番並び，合奏，ゲーム，リレーなどがある。

　キャッチボール→相手の位置・リズム・動きに合わせ，ボールを投げ合う。
　順番並び→同じ場で，同じルールで順番並びをする。
　　　　　　生活や学習のいろいろな機会や場で，順番並びをする。
　　　　　　順番並びゲームをする（背の順，名前順，誕生月順など）。
　合奏→個の力に合わせてできそうな動きを合奏に取り入れていく。
　　　　みんなと同じ動きの合奏をする。パートに分かれた合奏をする。
　ゲームやリレー→限定された場面のルールを理解し，繰り返しの練習をしながら，ゲームやリレーができるようにする。

みんなの動きに合わせられたときの醍醐味と心地よさを大事にしよう。

3章 プランニングの力を育てる学習課題＆学び術

課題遂行の力

17 見通しと心の調整

◉ 課題内容／基本バージョン ◉

◇行動の見通しをもち，行動と心の調整を図っていこう。

①**プロセスの見通し**…「～したら～して，～できる」行動の手順（プロセス）に見通しをもって行動する。

②ゴールまでの**時間の見通し**…「～までに」「あと～分」ゴールまでの時間を見通して，今やるべき行動を調整する。

③**量の見通し**…「～くらいやろう」と，課題の量を見通して行動を調整する。

④**報酬の見通し**…「～したら～」と，ごほうびを期待して行動を調整する。

⑤**方策への見通し**…「～すれば大丈夫…」今，自分がすべき行動の手順ややり方（方策）が見通せると，行動調整できる。

⑥**危機回避の見通し**…「たとえ～あっても～すれば大丈夫…」不安やトラブルへの対応がわかっていると，安心して行動することができる。

⑦**成功への見通し**…どのように行動すれば成功へつながるのか，成功への見通しをもつ。

◉ 活動の意味 ◉

○事前または行動の途中で，行動の見通しをもつことで心の調整ができる。行動の見通しがあれば，ある程度の負荷にも耐えていくことができる。

◉ 学び術のポイント ◉

□行動の見通しを，言語化，図式化，音楽，タイマー，タイムスケジュール，チェックリストなどの方法でわかりやすくしていく。

□過去の成功体験から，どんな見通しをもつことが役に立ったのかを振り返り，活かしていく。

> 見通しがもてるようになると，行動調整の力がぐーんとアップする。

18 ヒモ通し

● 課題内容／基本バージョン ●
◇「○△□」などのビーズを用意して，指示に応じてヒモ通しをしよう。形，色，数に変化を与え，いろいろな条件に対応しながらヒモ通しをする。
◇ビーズを離れたところに置き，そこまで取りに行き，ヒモ通しをしよう。
◇ゴールの見本を一瞬だけ見て，記憶を頼りにヒモ通しをしよう。

● 活動の意味 ●
○ヒモ通しは，順番を間違えると，正しい形にできない。ゴールの見通しをもちながら，手順を踏まえて活動する力（プランニング）が育つ。やり方を工夫すると，記憶（ワーキングメモリー）を鍛えることにもつながる。

● 学び術のポイント ●
□形，色，数を子どもに合わせてステップアップしていく。①2種類の形。②2種類の形と色。③3種類の形と色。それぞれのビーズの数を変える。

19 じゃんけんトーナメント

● 課題内容／基本バージョン ●
◇じゃんけんトーナメント表を見て，優勝する指を見通す。
◇迷路やあみだくじを見て，ゴールまでの道を見通す。

● 活動の意味 ●
○見える情報を手がかりに，情報をつなぎながら，正しい答えに近づいていく。
○ゴールまで集中して情報を見続ける力を育てていく。
○先を見通す力を育てる。

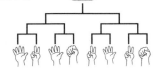

● 学び術のポイント ●
□トーナメント表，迷路，あみだくじ，情報の量をステップアップし，なるべく長く，多い量でもゴールまで見通せるようにしていく。

20 何時に着くために…

● 課題内容／基本バージョン ●

◇バスに乗ってプールに行く。家からバス停までは，歩いて7分かかる。プールまでのバスに乗っている時間は，20分。プールは，バス停の前にある。バスの時刻表を見て，次の問題に答えよう。

◆バスの時刻表◆

プール行き				
9	5	20	35	50
10	5	25	45	
11	5	20	35	50
12	5	25	45	

①家を9時15分に出ると，プールには，何時何分に着くかな？

②11時に友だちとプールで会う約束をした。約束の時刻に間に合うためには，家を何時何分までに出ればいいかな？

● バージョン2 ●

◇朝起きてから，朝の準備に8分かかる。朝ごはんには15分かかる。その他，必要な朝の活動（着替え，歯磨き，トイレなど）に10分かかる。みんなで待ち合わせしている場所まで4分かかる。待ち合わせの時間は，7時35分。遅くとも，何時に起きれば大丈夫かな？

● 活動の意味 ●

○ゴールを見通して，手順に沿って行動を考えることがプランニングの力。日常の問題や仮定の問題から，ゴールを見通して行動を組み立てられるようにしていく。

● 学び術のポイント ●

□行動の手順を図式化して，整理する。
□行動の手順をカードや手順表にして，プロセス全体をとらえる。
□体験したことを整理し，行動の見通しをつけるようにしていく。

ゴールまでのプロセスや段取りを思考し，見通す力をアップしよう。

21 虫食い算・ブロック算

● 課題内容／基本バージョン ●

◇虫食い算を考えよう。

※虫食い算とは，計算式の空白に数字を当てはめ，計算が成り立つようにする問題。虫食い算には，以下の２つの規則がある。

①１つの□には１つの数字を入れる。②左端の□には０を入れられない。

13−□＝２　13＋□＝20　8×□＝24（四則計算の虫食い算）

● バージョン２ ●

◇　□÷７＝５余り３　（余りが絡む虫食い算）

● バージョン３ ●

◇　□＋△＝15　□−△＝７　□×△＝24（２つの数字の虫食い算）

● バージョン４ ●

◇　□÷12×５＝20　７×□÷16＋24＝80（２つ以上の計算が絡む虫食い算）

● バージョン５ ●（ブロック算）　● バージョン６ ●（筆算の虫食い算）

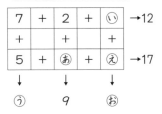
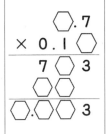
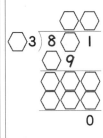

※あいうえおに入る数字を考えよう。

● 活動の意味 ●

○虫食い算の答えを導くためには，反対の文脈（たし算ならひき算など）から思考する。反対の文脈から手順をさかのぼって思考するトレーニングとなる。

○既習の内容を反対の文脈から思考することによって，新しい概念の理解を補うこともある。反対の文脈で思考できる力は，論理的な思考につながる。

例：わり算の導入として，かけ算の虫食い算を使う。
○バージョン3の課題になると，答えが1つではないので，いくつかの答えを考える柔軟な思考が育つ。
○バージョン4以降の課題では，虫食い算を解くために，思考の順番（優先順位）を考えなくてはならない。
　①数字が1つに限定されるところを見つける。
　②それぞれの関係性を書き出し，優先順位を考える。
　③優先順位の高いところ（手がかりのあるところ）からひもといていく。
　答えを導くための手順を思考するトレーニングになる。

● 学び術のポイント ●

□反対の文脈から思考するためには，
　・図式化や具体物の操作を行い，虫食い算の感覚をつかむ。
　・実際に，□にいろいろな数字を入れてみて，答えがどう変化するのかを確かめながら，虫食い算の感覚をつかむ（たし算の虫食い算を考えるためには，ひき算を利用するなど）。

□解法の手順が多くなると難しい問題では，
　・解法の順番を**あらかじめ伝え**，解き方の感覚を身に付けていく。
　・解法の手順の**モデル**を見ながら，解いてみる。
　・次の手順の**手がかり**を伝える（7の段のかけ算で一の位が3になるとしたら，いくつをかけたときがあるかな…）。
　・解法の手順が多く，どの手がかりに注目すればよいのかを見つけられずに注意が散漫になってしまう場合には，注目してほしい手がかりに印をつける。注目してほしい部分（優先順位の高い順）を**クローズアップ**する。他の部分を**マスキング**（隠す）する。
　・理解できるようになったら**類似問題**を行い，虫食い算の思考に慣れる。

> 一瞬，「難しい」「めんどうくさい」「どこから考えるの」と感じる気持ちを乗り越え，手がかりを見つけ，順序よく謎を解いていこう。

22 国語辞典の使い方（調べる）

● 課題内容／基本バージョン ●

◇目標になることばを辞典を使って調べよう。

①目標となることばを「見出し語」の形にする（言い切りの形を知る）。

②見出し語の語頭を「あいうえお順」で探す。

③２番目以降の音が，開いたページの前か後ろかを考えて探す。

④辞典に書かれたいくつかのことばの意味から，適切な意味を選ぶ。

⑤調べた内容をノート，調べファイル，調べカードに書き残す。

● バージョン２ ●

◇語順調べのドリルをしよう。

次のことばを辞典に出てくる順番に並べよう。

問題１　あか　あお　きいろ　くろ　（語頭に着目）

問題２　すうがく　すいか　すし　すうじ　（２音目の音に着目）

問題３　はやぶさ　ハイキング　パトロール　（ひらがなとカタカナ混合）

◇ことばを見出し語の形にする練習をする。

◇いくつかある意味の中から，適切な意味だけを選ぶ。

● 活動の意味 ●

○国語辞典を使って，ことばを調べる活動は，

①語彙の力を高める。

②いくつかの適切な手順に沿って行動し，目標のことばにたどりついていく。この手順に沿って活動することが，プランニングの力となっていく。特に，語順に着目して段取りよく調べられることは，行動の優先を決める力にもつながる（見出し語→語頭の50音で引く。→２音目以降の音に注目する。→50音順の意味を理解して，効率的に探す。→意味を読む。→求めている文に適切な意味を選ぶ。→前後の文脈に合っているか確かめる）。

③「調べる」というスキルは，学習を支えるスキルになるだけでなく，

「自分で調べて解決する」という，自我の成長にもつながっていく。
④いくつかの意味の中から必要な意味を選択できる力は，視点の広がり，柔軟な思考につながる。例：同じ「キク」でも，どの「聞く，聴く，菊，効く」なのかを考えるなど。

● 学び術のポイント ●

□国語辞典を使うのが難しい場合（文字が小さい，情報が多い，文字ばかりで取り組みづらいなど）は，「絵辞典」や「簡略化した辞典」を使い，「調べる」活動に慣れていく。
□大人と子どもで同じ辞典を使いながら，**一緒**に調べる。
□辞典を引く**手順表を手元**に置き，それを見ながら調べる。①見出し語 ②語頭 ③2音目に注意 ④適切な意味を選ぶ ⑤調べたことを書く
□調べていく途中の手順のヒントを**声かけ**する。例：○○は，それより前かな？ どこを見れば前か後ろわかるかな？ など。
□調べたいときにすぐに辞典が使えるように，辞典の場所を決めておく。気になったときに，いつでも調べられるような**環境を整備**する。辞典などを集めたコーナーを作る。
□調べたことを**活かす**ためにも，記憶に残すためにも，調べた内容をノートに書き残す。初期の段階では，調べたことばだけをファイルやカードにまとめる。
□漢字辞典をはじめ，他の辞典の使い方に慣れる。

辞典を使って調べる力は，自力学習の支えになる。調べるための手順に沿って行動できる力もアップできる。

23 ハノイの塔

● 課題内容／基本バージョン ●

◇「ハノイの塔」に挑戦しよう。
  ・3本の杭と，中央に穴の開いた大きさの異なる3色の円盤を用意する。
  ・最初は，左端の杭に小さいものが上になるよう順に積み重ねられている。
  ・円盤を1回に1枚ずつどれかの杭に移動させることができる。
  ・ただし，小さな円盤の上に大きな円盤を載せることはできない。
  ・3つの円盤を真ん中の杭に移動してみましょう。

● 活動の意味 ●

○この課題は，「ハノイの塔」と呼ばれている。手順を間違えると，課題が遂行できないため，手順を考えるエクササイズになる。

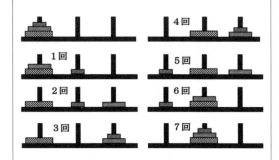

● 学び術のポイント ●

□最初は，2枚でやってみる。3つの手順でできる。
□どうしても，自分で考えられないときは，解法手順の**モデル**を見る。
□一つ一つの手順のときに，次のヒントを**手がかり**に考える。
□**試行錯誤**しながら考えている時間が，一番大事。
□正解にたどりついたら，何度も行い，手順に沿って行動できるようにしていく。
□「3枚の円盤」編ができるようになったら，4枚，5枚と数を増やして挑戦する。
□n枚のときの手順を考え，法則を考える。

ハノイの塔は，手順を間違えると正解できない。手順を考える力のアップを目指して，何度も挑戦してみよう。

24 リマインダーを活用しよう

● 課題内容／基本バージョン ●
◇リマインダーを使い，忘れそうな行動，抜け落ちてしまいそうな手順を思い出し，予定通り（プランニング）に行動しよう。リマインダーとして，①メモ ②スケジュール ③アラーム ④貼り紙 ⑤マークなどがある。

● バージョン2 ●
◇自分のやるべき行動をカードに書き出す。そのカードを決められたコーナーに貼っておく。やるべき行動の優先順位を決め，カードを順番通りに並べる。予定した行動ができたら，カードをはがしていく。活動の終わりにコーナーを見て，やるべき行動が残っていないかをチェックする。

● 活動の意味 ●
○やろうと思っても，つい活動内容や活動の手順を忘れたり，行動が抜け落ちたりしてしまうことがある。「リマインダー」とは，予定の行動を忘れないように思い出させるツールのこと。リマインダーがあれば，行動を予定通り（プランニング）に進める助けとなる。

● 学び術のポイント ●
□自分や活動内容に合ったリマインダーをその都度作る。
□リマインダーを作ってもすぐに活用できるわけではなく，それを使いこなせるように練習していくことが大事になってくる。
□リマインダーが活用できないときには，声かけ，指さしなどでリマインダーへの注意を促す。徐々に，自分の力でリマインダーを活用して行動を調整できるようにしていく。

計画通りに行動できると，気持ちがいい。リマインダーの活用を覚えて，予定通りに行動する力をアップしよう。

25 意欲アップ，スイッチON

◇活動への意欲を高める方法を理解し，活動のエネルギーを高めていこう。

①**暖気運転**…苦手な活動から始めると，活動開始のエンジンがかかりづらいことがある。活動の始めには，得意なことやある程度できることから始め，活動へのスイッチを入れやすくする。

②**ノイズカット**…活動を始めるにあたって，周りにそれを阻害しそうな刺激があると，ついそれに気を取られて活動の開始が遅れてしまうことがある。活動を阻害しそうな刺激（ノイズ）をあらかじめ少なくする（カット）。

③**スイッチON**…活動開始のきっかけを作る。この行動をすると，活動開始するなど，ルーティン的な行動を作る。

④**緩急**…集中して行う時間，少しのんびりする時間など，活動に緩急をつけることで，より集中して活動できるようにする。

⑤**ゴールへの見通し**…「あそこまでがんばろう…」「…までに終わらせよう」など，ゴールの見通しをはっきりさせて活動する。

⑥**ごほうび**…活動をやり遂げ，なんらかのごほうびがあると，意欲アップにつながる（ほめ，遊び，報酬など）。

⑦**心の支え**…「できるかな…」「何かあったらどうしよう」と不安があると，活動への取り組みから逃げたくなってしまうこともある。心配や失敗があっても助けてくれる人や方策をもつことで，活動への取り組みができる。

⑧**リフレッシュ**…疲れたときや一生懸命に活動した後に，休みの時間を作る。

⑨**活動内容のバリエーション**…言語的活動，字を書く活動，聞く活動など，同じような活動ばかりが続くと，活動への意欲が低下してしまう。言語的活動，見る活動，動作，話し合い，実際にやってみる活動，ゲーム，調べる，わかりやすく情報をまとめる，子どもの活動を取り入れる学習法（アクティブラーニング）など，学習活動のバリエーションを工夫する。

> 意欲は，環境・学習法で変わる。最大限のパフォーマンスを引き出そう。

4章 ワーキングメモリーを育てる学習課題＆学び術

課題遂行の力

26 記憶のいろいろ

● **課題内容／基本バージョン** ●

◇クラスの友だちの名前を覚えよう（命名記憶）。
◇折り紙の折り方を覚えよう（手順記憶）。
◇昨日の学習内容を思い出そう（意味記憶）。
◇リズムを覚えて再現しよう（非言語的記憶）。
◇去年の運動会を思い出そう（長期のエピソード記憶）。
◇今まで練習してきた「飛び込み前転」のやり方を思い出して，挑戦してみよう（イメージの記憶，モデルの記憶，方策の記憶）。

● **活動の意味** ●

○記憶には，聴覚的記憶（言語，非言語の音），視覚的記憶（イメージ，動き，形），手順記憶，エピソード記憶，意味・文脈の記憶などがある。
○どんな内容・メディアを，どのくらいの量（情報量，ユニット数），どのくらいの時間（瞬時，短期，長期），記憶できるかを，いろいろな体験や計画的なスモールステップで育てていく。

● **学び術のポイント** ●

□記憶には，内容やメディアによって子どもの得意，不得意がある。得意な記憶の方策を使い，不得意な記憶を補助していく。視覚的にすれば覚えやすい。キーワードにすれば覚えやすい。一度体験したことは覚えやすい。動作と一緒なら覚えやすい。1対1対応など整理した内容なら覚えやすい。
□どのくらいの学習量を記憶できたかを振り返り，**記憶の特性**を知る。

記憶は，学習の要。記憶力アップで，学習成果のアップを目指そう。

27 文字シャッフル（語音整列）

● 課題内容／基本バージョン ●

◇ばらばらに並べられた文字を見て，ことばを作ろう。
例：つ，み，や，な，す→「なつやすみ」
◇次々に出てくる文字カードを見て，ことばを作ろう。
◇次々に言われた文字を聞いて，ことばを作ろう。
◇文字を聞いてルールに応じて並び替えよう（あいうえお順，数字順など）。

● 活動の意味 ●

○聴覚的記憶，視覚的記憶の情報を頭の中で継次的な処理をし，ことばづくりをする。ワーキングメモリー，試行錯誤，語彙力などの力が育つ。

● 学び術のポイント ●

□記憶だけで考えるのが難しいときには，シャッフルの操作を実際に行いながら，ことばを作る。
□文字数，2つの条件など条件をステップアップする。

28 コップの記憶

● 課題内容／基本バージョン ●

◇3つのコップの中に，3色のボール（色板）を入れ，ぐるぐると移動した後のコップの中のボールの色を当てよう。コップに隠す物を，形カード，数字カード，ひらがなカード，絵カードなど，カードの種類を変えて行う。

● 活動の意味 ●

○コップの移動中，集中して移動先を見続ける。
止まった瞬間のカードを記憶する。

● 学び術のポイント ●

□コップの数を2〜5個，コップに隠す情報（色，形，数字，ひらがな，絵など）を子どもに合わせてステップアップする。

29 動きのまねっこ（模倣）

◎ 課題内容／基本バージョン ◎
◇「まねっこ，まねっこ，まねっこなぁに〜？」のリズムに乗りながら，リーダーの動きを見て，ポーズや動きのまねっこ（模倣）をしよう。
◇いろいろな動きの模倣をしよう。手遊び・ボディパーカッション。道具の扱い方。文字学習の空書き。体育の動き（体操，ダンス）など。

◎ 活動の意味 ◎
○模倣は，学習の始まりといわれる。模倣を楽しめると，学習能力が変わってくる。模倣では，相手の動きをよく見る，見比べる，聞き比べる力・情報に応じて運動を調整する力・記憶の力・他者に合わせる力など，学習の基本的な「まねぶ（真似ぶ，学ぶ）などのスキル」が育っていく。

◎ 学び術のポイント ◎
□模倣の内容，情報量，時間，補助などをステップアップする。

① **模倣の内容**…人の動きを見てその通りに身体を動かすなどの「視覚的模倣」。音やことばを聞いてその通りに発声するなどの「聴覚的模倣」。楽器，道具の操作を見て模倣する（例：太鼓とバチなど）「道具操作の模倣」。

② **模倣の情報量**…1つの動作を模倣する。いくつかの動きを模倣する。いくつかの動きを連続して模倣する。

③ **模倣の時間**…即時的に模倣する。少し時間を置いてから模倣する。何度か練習した動きを思い出しながら模倣する。

④ **模倣を手助けする補助的な刺激**…音楽などの非言語的な刺激を助けとしながら模倣する。言語的な助けを借りて模倣する（例：よい姿勢を作るときの「ピン・ペタン・グー」など）。モデル，写真，映像，図，人形などいろいろな手がかりを助けとしながら模倣する。

> まねっこ（模倣）ができると，活動参加の力がアップする。
> 正確な模倣から，情報を取り入れる力をアップしていこう。

㉚ 記憶ゲーム（2つ前しりとり）

● 課題内容／基本バージョン ●
◇しりとりをしよう。
◇2つ前の単語まで覚えて復唱するしりとりをしよう。
例：つばさ，さい，いぬ→さい，いぬ，ぬりえ→いぬ，ぬりえ，えのぐ
◇3文字のことばを聞いたら，1文字だけ変えて違う単語を言う。
例：「ダンス」のことばを1文字変えて→（記憶しながら考え）「たんす」。

● バージョン2 ●
◇八百屋さんゲームをしよう。「やおやのおみせ」の歌に合わせて，次々と野菜の名前を言っていく。次に言う子どもは，野菜の名前を1つ増やしていく。次の人も1つ増やし，増えていくことばを手拍子に合わせて歌っていく。

● バージョン3 ●
◇トランプ，文字カード，カルタなどを使って，神経衰弱をしよう。
◇まねっこ神経衰弱をしよう。10枚ほどの種類カード（数字カード，ひらがなカード，絵カード）を並べ，リーダーが開いたカードを覚え，その開いたカードの順番通りに開いていく。
例：「みかん，りんご，いちご，パイナップル」の順に絵カードを開いたら，その通りの順番でカードを開いていく。

● 活動の意味 ●
○どのくらいの量を記憶できるか，楽しみながら記憶の力をつけていく遊び。「2つ前しりとり」では，直前の単語を2つ覚えながらしりとりを考えなくてはならないため，よりワーキングメモリーのエクササイズになる。
○バージョン2は，命名記憶のエクササイズ，バージョン3は，カードの視覚情報に基づく，位置の記憶，順番の記憶のエクササイズになる。

● 学び術のポイント ●
□記憶の量の変化を見守りながら，ゲームを行っていく。
□どうしても思い出せないときは，ヒントカード（手がかり）を一瞬見る。

31 暗算

● 課題内容／基本バージョン ●
◇次の計算を暗算でしよう。

(1)　3 + 4　　　　(2)　7 + 8　　　　(3)　13 + 15
(4)　27 + 46　　　(5)　5 − 2　　　　(6)　10 − 2
(7)　14 − 8　　　 (8)　26 − 12　　　(9)　41 − 18
(10)　86 + 28　　 (11)　277 + 478　　(12)　105 − 18
(13)　14 × 8　　　(14)　24 × 37　　　(15)　248 ÷ 8

● 発展ゲーム ●
◇フラッシュカードで暗算しよう。
◇暗算カードの背景色を変え，指定された色のときだけ計算しよう。
◇いくつかの色で数字を書き，指定された色の数字だけをたし算しよう。

● 活動の意味 ●
○暗算を行うためには，計算途中での数字の記憶や計算手順を記憶しなればならない。例えば，24×7の場合，4×7の十の位の「2」を記憶しながら，2×7を計算した後，答えの「14」に記憶した「2」を足していく。情報処理をしている間，他の記憶を貯めておくことになる。ワーキングメモリーを鍛えていく活動になる。

● 学び術のポイント ●
□メモを書きながら，暗算をする。
□頭の中で行う操作の声かけのサポートを受けながら，暗算をする。
□何度か練習した問題を繰り返し暗算する。
□類似問題を繰り返し行う。
□問題を見ながら暗算，問題を一瞬見て暗算，問題を聞いて暗算など，難しさを変えていく。

> 暗算は，内言（頭の中）で考える力をアップする。内言での思考がアップすると，衝動性をコントロールする力もアップしていく。

32 短期記憶

● 課題内容／基本バージョン ●

◇離れた机の場所から，同じカードを選んでこよう。

・片方の机のカードは，伏せておく。もう片方の机のカードは，見えるようにしておく。片方の机の伏せたカードを1枚めくり，それと同じカードをもう1つの机から選んで持ってくる。

・カードの種類をいろいろ変える。
例：数字カード，絵カード，文字カード，漢字カード，計算カード，なぞなぞカード，文章題カード（片方の机には，答えのカードを置く）。

● バージョン2 ●
◇記憶する情報量　選ぶカードの枚数を増やしていく。

● バージョン3 ●
◇選ぶ途中で，なわ跳びをするなど違う動作を入れてから選びに行く。

● 活動の意味 ●
○離れた場所に同じカードを選びに行く場合，移動の間，目的のカードを記憶していなければ選べない。課題達成のためには，必然的に短期記憶の力が求められる。
○漢字カードでは，字形の特徴を視覚的にとらえ，記憶する力が育つ。
○活動途中で別な動きがあっても，記憶する時間が長くなっても，記憶する量が多くなっても，記憶できるようにしていく。

● 学び術のポイント ●
□どうしても思い出せないときは，ちらっと答えを見る（瞬時記憶）。

> 記憶を必要とする活動を通じて，記憶の力をアップしよう。
> イメージやことばの短期記憶から始め，記憶の力をアップしていこう。

33 手順記憶

◉ 課題内容／基本バージョン ◉

◇学習の手順を記憶する（計算の手順，漢字の書き順，作図の手順）。
◇作業の手順を記憶する（折り紙の折り方，作品完成のための作業手順）。
◇生活に必要な手順を記憶する（片付け方法，掃除のやり方，給食の準備，朝の会・帰りの会などの進行）。

◉ 活動の意味 ◉

○手順の記憶ができると，活動がスムーズにできる。学習，作業，生活のそれぞれの活動に必要な手順を記憶して，目的に合った行動をできるようにしていく。

◉ 学び術のポイント ◉

□手順を**キーワード**（**言語化**）にまとめ，記憶する。
□日常的に何度も繰り返し行い，手順を覚える（**ルーティン**）。
□繰り返しのキーワード（**アルゴリズム**）を記憶する。
□手順のプロセスを**図式化**して，活動の流れを視覚的に理解する。
□「1○○　2□□　3△△」など，**手順に番号**をつけ整理して記憶する。
□**モデル**を見ながら，手順を記憶していく。記憶できる**手順の数を増やす**。
□手順をカードにし，**カードの並び替え**を行い，手順を記憶していく。
□手順に，**順番の色や番号**をつけて，それを見ながら活動する。
□頭の中で，手順を**シミュレーション**する。
□必要に応じて，次の手順を想起できるような**声かけ**をする。
□手順を忘れてしまったときでも，**確認できる手順表**を用意し，チェックする。
□今日の学習や作業を手順という観点で整理し，活動後に**手順を想起**する。
□活動内容を常に手順という見方から整理し，**次の活動**に活かす。

> 手順記憶のアップは，活動への参加度，達成度のアップになっていく。

34 暗記アプリを使って

● 課題内容／基本バージョン ●

◇学習内容のポイントやキーワードをマスキングしながら，覚えよう。

　赤い文字の上に，赤いシートをかけると，その赤い文字だけが見えなくなり，その箇所を記憶していく学習法。この機能をもっている暗記アプリがタブレット端末やスマホ用にいろいろ開発されているため，それらを活用する。学習内容を整理し，記憶すべき場所を赤いシートで隠し，記憶を確認しながら学習を進める（暗記アプリでは，タップするとマスキングしている部分が見えるようになる）。

◇公式を覚える。キーワードを覚える。漢字を覚える。作るシートによって，いろいろな記憶を手助けできる。

● 活動の意味 ●

○見る→隠す→覚える→確認するという一連の流れを何度も繰り返すことができるので，内容を覚えるまで学習できる。

○学習のやり方を覚えれば1人で確かめることができ，自分が納得するまで，何度でも学習できる。

○記憶する範囲が隠れた部分だけと一目でわかるので，記憶へのモチベーションを高くもつことができる。

○答えがあるという安心感から記憶に集中しやすい（赤いシートをめくれば，答えがすぐにわかる。暗記アプリの場合は，タップすれば答えが見える）。

○表や前後の文脈が見えるので，それを手がかりに類推しながら記憶できる。

● 学び術のポイント ●

□即時記憶（瞬時に記憶）から，少しずつ長い時間の記憶へとつなげていく。

□見る→隠す（隠れた情報を思い出す）のパターンを何度も繰り返し行い，記憶できる内容を増やしていく。

情報をマスキングし，覚えたかどうかを確かめながら学習を進めていく。
暗記アプリは，覚えるまで繰り返し学習しやすい。

学び・考える力

5章 聞く力を育てる学習課題＆学び術

35 聞く力を育てる

● 課題内容／基本バージョン ●
◇話している人の目を見ながら，話を聞こう。

● 活動の意味 ●
○聞く力を育て，活動に取り組む力にする。
○聞く力のチェックポイント

　関心・意欲・態度→話し始めたら，話す人に集中する（注意喚起）。話す人を見て聞く。話が長くなっても集中して聞く。話の最後まで，あきらめず，口をはさまず，意識をそらさず文脈を考えながら聞く（**注意集中**）。

　情報量→1回の話に，どれだけの情報量を聞くことができるか。情報量の違いによる聞き方の変化。聞いた内容を記憶しながら整理できるか。

　意味・内容の理解→①大事なポイントを聞き分ける（**キーワード，キーセンテンス**を意識）。②順序を追って整理しながら聞く（**継次的処理**）。③内容の関係性を整理しながら聞く（**同時的処理**）。

○聞く力には，静止，衝動性を抑える，選択集中，ことばの理解，ワーキングメモリー，内言による思考などの成長が鍵となっている。

● 学び術のポイント ●
□聞く力を支えるサポート術を工夫する。話し始めの間。きっかけ（注意喚起）。視覚的な手がかり。キーワードの復唱。内容の順序性。一つ一つの内容の確認。内容を「見える，わかる，残る」ようにする。聞いているときの情報の整理。プリントなど，話の内容を確認できるツールの用意。聞く力の伸びに合わせて，サポートの加減を調整，フェードアウトしていく。
□聞く力を自己チェックする。5段階で自己評価し，今後に活かす。

> 聞く力を伸ばして，学習活動への参加度をアップしよう。

36 スリーヒント

● 課題内容／基本バージョン ●
◇3つ以上の情報が入っている絵カードから，条件に合うカードを選ぶ。
例：ライオン。黄色の服を着ている。傘をさしている。
　　　○○。△△を着ている。□□している。
　　（誰が，何色の服，何をしている，の3つの条件で選択する）

● バージョン2 ●
◇3つの条件の動きを伝え，その条件に合った活動をする。
例：座る。筆箱を持つ。隣の友だちと手をつなぐ。
　　　体操服に着替える。鉄棒に集まる。みんなで整列する。

● 活動の意味 ●
○3つの条件を最後まで聞き分け，条件に合った反応ができる力を育てる。
○微妙な条件の違いを聞き分けて行動できるようにする。

● 学び術のポイント ●
□条件を最後まで聞き，正確に行動できることを繰り返し行う。
□条件が微妙に違う絵カードなどを見比べ，言語化し，その違いに気がつく。
□3つの条件の聞き分けが難しい場合は，条件を1つから始め，増やす。
□聞き分けが難しい場合，条件を文字で残し，読みながら選ぶようにする。
□指示を聞く立場だけでなく，問題を出す側も経験し，3つの条件をより意識できるようにする。
□条件のポイントを意識づけする声かけをする。例：誰かな？　服は？　何してる？　どこに行くのかな？　どうやって待つのかな？　用意する物は何かな？
□条件を意識できるように，条件の違いだけを「1ライオン　2黄色　3傘」など，「1…，2…，3…」とキーワードで伝える。

> 条件を正確に聞き取ることが，課題遂行の始まりになる。
> 条件の情報を正確に聞き取る気持ちや聞く力をアップしよう。

37 伝言ゲーム

● 課題内容／基本バージョン ●
◇聞いた文をそのまま復唱して，次の人に伝える（文の復唱）。

● 活動の意味 ●
○伝言ゲームが成功するためには，正確に聞き取る力と伝える力が必要になってくる。聞き取る力と伝える力を育てていく。

● 学び術のポイント ●
□単語，2つの単語，短文，長文と伝える情報の量をステップアップする。

38 お話のどこが変？

● 課題内容／基本バージョン ●
◇あえてつじつまが合わない文章を読み，その文脈の変な箇所を聞き分ける。
例：今日は雨なので，プールにします。プールの準備をしてください。
例：今日は，雨でした。たかしさんは，お父さんに頼まれていたので，花壇に一生懸命にお水をあげました。

● 活動の意味 ●
○話の文脈を意識しながら，聞く力を育てる。
○変だと思うと，すぐに口に出さないと気が済まない子がいる。このタイプの子は，教室などで話を聞いていて自分が変だと思うとすぐに口に出してしまい，みんなで学習する雰囲気を台なしにしてしまう。自分の気づいたことを心にとどめ，必要なタイミングになってから話せる力を育てていく。
○内言（心の中のことば）で，他者の話を聞きながら整理できる力をつけていく。より落ち着いて聞く力，黙って思考できる力の土台となっていく。この力が伸びてくると，衝動的な行動の調整力にもつながっていく。

● 学び術のポイント ●
□変だと気づいたことをメモしていく。

39 条件に合うものは…？

◉ 課題内容／基本バージョン ◉
◇次のことばの中から，条件に合うものを答えよう。
　４つの単語を最初に伝え，指定された条件の単語を答える。
例：「筆箱，ボール，教科書，ノート」
　　「勉強が始まる前にいらないものは…？」（１つだけ答える）
　　「勉強が始まる前に必要なものは…？」（条件に合うものを全部答える）

◉ バージョン２ ◉
◇先に条件を聞く。後から言われた４つの単語から条件に合うものを答えよう。
例：「プールの時，いらないものは何？」「プールの時，用意するものは何？」「プールカード，水着，鉛筆，タオル」

◉ バージョン３ ◉
◇次の絵の中から，条件に合う人を選ぼう。
例：①立っている。
　　②かさを持っている。
　　③帽子をかぶっていない。
　　④かばんを持っている。

◇迷子のお知らせを聞き，条件に合う子を探そう。

◉ 活動の意味 ◉
○条件を聞いて，それに合うものを選べる力は，学習を進めていく上で必要な力になる。発達障害のある子の中には，条件を聞き逃してしまい，活動が正確にできない子も多い。聞き逃しをしてしまう理由として，①聞く力（言語での理解）　②ポイントを聞き分ける集中力　③選択集中の力（いろいろな刺激に惑わされず必要な情

報に注意を向ける）　④条件を覚えていくワーキングメモリーの力（記憶の力）などがある。これらへの配慮（サポート）をしながらも，聞く力を育てていくエクササイズが求められる。

○基本とバージョン2では，聞き方に違いがある。基本の場合，提示の単語を記憶しながら，条件に当てはめて聞く。2の場合は，先に条件を聞き，条件に合うものだけを記憶していく。どちらのパターンも学習していく。

○条件に合うものを複数覚えるときや，条件に合わないものを選ぶときをあえて作り，どちらにも対応できるようにする。特に，日常の学習活動の中では，条件に合うものを複数選ぶ（聞き分ける）力が必要になることも多いので，条件に合うものを複数選べることを目標にする。

● 学び術のポイント ●

□聞く力を育てていくときには，聞き逃しやすいポイントを文字化して，**「残る手がかり」**（文字，絵など）を作っていく。しかし，いつまでも「残る手がかり」に頼るのではなく，少しずつそれがなくても対応できることを目指す。必要になったときだけ「残る手がかり」を参考にする。

□正しく情報を聞き分けているかどうか，振り返られる（**自己チェック**）ようにする。

□情報の量や内容によって，聞き分けの違いがある。どのくらいの情報量や内容であれば正確にキャッチできるのかを知り，確実に伝える場合とあえて少し無理をしながらエクササイズとして行う場合を分けて取り組む。

□類似問題（**エクササイズ**）を繰り返し行い，情報を聞くときのコツを実感する。

□情報の数に気をつけながら聞く。**キーワード**を聞き逃さない。

□全体の長い文脈から聞き取ることが難しいときは，キーワードだけを繰り返し伝える。

条件を整理，記憶しながら聞く力をアップしよう。
聞き分けられる情報の量（条件の数，ユニット数）を増やしていこう。

40 質問の仕方

● 課題内容／基本バージョン ●

◇質問を繰り返し，出題者が考えた単語を当てよう。

・出題者と解答者を決める。出題者は，何か１つの単語（ことば）をメモして隠す。解答者は，質問を繰り返し，その単語を推測していく。出題者は，「はい」か「いいえ」だけで答える。

例：出題者のイメージした単語が「カレーライス」の場合。

解答者「動物ですか？」「いいえ」　「食べられますか？」「はい」

　　　「果物ですか？」「いいえ」　「甘いですか？」「いいえ」

　　　「からいですか？」「はい」「カレーライスですか？」「ピンポン！」

● バージョン２ ●

◇基本バージョンのやり方で，「はい」か「いいえ」以外の答えを引き出す質問をしてもよいというルールにする。

質問例：「…は，どこにありますか？」など，形，大きさ，色，置いてある場所，使い方，などを聞いてみる。当てるものの属性（特徴）から答えに近づくようにする。

● バージョン３ ●

◇友だちにインタビューし，友だちのことを知ってもらう他己紹介文を書く。

例：「好きな遊びはなんですか？」「嫌いな食べ物はありますか？」「今一番夢中になっていることはなんですか？」「夢中になったきっかけはなんですか？」「最近の出来事でうれしかったことを教えてください」

● 活動の意味 ●

○正確に情報を聞き出すためのエクササイズ。相手の考えや思いをより正確に聞く力を育てる。

○ゴール（正解）に向けて，必要な要素（答えの属性）を絞っていく。
○友だちから聞いた内容をメモし，それを文にまとめる。
○質問の力は，他者理解の土台となっていく。
○授業などでわからないときがあっても，わからないことを質問できる力を身に付けていくと，活動や思考のリカバリーがしやすくなる。

● 学び術のポイント ●

□質問を自分で考えるのが難しいときには，質問の**サンプルカード**を作る。質問に慣れるまでは，サンプルカードを参考にしながら質問する。慣れてきたら，自分で質問を考えられるようにしていく。

□出題者と解答者の他に，**記録者**を作り，質問のやりとりを記録する。記録者を作ることで，質問に専念できる。または，自分が記録者になったときには，友だちのやりとりから学ぶことができる。解答した後，みんなで一緒に**振り返り**，よい質問の仕方，次への工夫などを話し合う。

□質問の記録文（仮定でもよい）を読み，答えを導くためには，どんな質問をしたのかを考える。**ドリル風**に行い，質問の仕方を学習していく。
　例：解答者の答えが「それは，教室の棚にあります」というような，質問者の望む答えを引き出すためには，質問者は，どんな質問をすればよいかを考える。

□質問したことを記録できる**ワークシート**（同じ様式にフォーマットされたもの）を作る。ワークシートを手がかりに質問し，記録しながら質問できる力につなげていく。
　他己紹介ワークシートの項目例（枠を作り，その枠を目安に質問する）。
　例：得意なこと，好きな遊び，食べ物の好き嫌い，マイブーム，夢中になったきっかけ，最近うれしかったこと，今がんばっていることなど。

> 自分の知りたいことや必要な情報を聞き出す質問の仕方を学習し，情報を集める力をアップしよう。

41 メモを取りながら話を聞こう

● 課題内容／基本バージョン ●

◇メモを取りながら話を聞き，質問に答えよう。
- ・5W1Hのメモを取る。
- ・話の要旨を自分なりにまとめながらメモを取る。
- ・メモを見ながら，質問に答える。

● バージョン2 ●

◇「〜係の人は，来週の集会時の発表の打ち合わせをします。今日，昼休みに，△△に集まってください。その時，先日配った ※※ の資料を持ってきてください」という放送が流れた。メモを取りながら，聞こう。

● 活動の意味 ●

○メモを取る学習は，話の大事なポイントを瞬時に把握し，残していくエクササイズになる。

○発問への答えは，「一度メモに取ってから発言する」というルールを作る。自分の考えを一度メモに取ることで，衝動性のあるタイプの子どもが落ち着いて考えるきっかけになっていく。

● 学び術のポイント ●

☐聞いた情報のメモを取りやすいように，話の構成に合ったメモのポイントを明記したワークシートを使い，メモを取る。

☐自分なりに，大事だと思う内容を考えてメモを取る。

☐キーワード，キーセンテンスを考えながらメモを取る。

☐順序性のある話では，「1○○，2△△，3□□」などと話の順序性を押さえながらメモを取る。

 メモを取って，落ち着いて行動したり，思考したりする力をアップ。

42 見る力

● 課題内容／基本バージョン ●

◇**正確に見よう**…漢字や図形を視写する。時間を置いてから記憶で書く。
◇**じっくり見よう**…2つのイラストを見比べ，違いを見つける。
◇**すばやく見よう**…動く図形，マーク，数字，文字を目で追い，視写する。
◇**広く見よう**…黒板など広い場所に点在するマーク，数字，文字を視写する。黒板に貼ってある数字カードを順番通りに取る。
◇**見続けよう**…点滅して出てくるマーク，数字，文字を目で追い，視写する。
◇**指示に合わせて見よう**…数字マトリックス表上，指示に合わせて目で追い，最終の場所の数字を答える。例：「右に3つ，下に5つ，左に2つ，上に3つの場所の数字は何？」
◇**見たことを記憶しよう**…1枚の紙の中に，いろいろな形やマークを描き，どの場所に何の形が描かれていたか，紙が隠された状態で答える。
◇**文脈を考えて見よう**…因果関係，ストーリーなどが描かれたイラストを見て，その文脈を読み取る。

● 活動の意味 ●

○情報キャッチにとって，見る力は重要な力になる。「見ること」が苦手だと，様々な学習上の困難を抱えてしまう。見る力が育ったことで文字の弁別ができ，文字の読み書きができるようになった子もいた。反対に，じっと見続けることが苦手だと，情報キャッチがあいまいになってしまったり，活動の正確さが落ちたり，文章を読み飛ばしたりしてしまうことがある。

● 学び術のポイント ●

□情報量，情報の質，見る時間（一瞬，短期，じっと見る），見る範囲，見た情報の記憶など，それぞれの段階に応じて，見る力を育てていく。

子どもの視線を見ていると，情報キャッチの力がわかる。見る力のアップで，情報のキャッチ力，課題遂行，思考の力のアップにつなげよう。

5章 聞く力を育てる学習課題&学び術

6章 書く力を育てる学習課題＆学び術

学び・考える力

43 書く力を育てる

● 課題内容／基本バージョン ●

◇《書く力を育てる課題内容》

文字を書く…視写，聴写，ていねいに書く（硬筆），ノートの書き方など正確にていねいに文字を書く。

漢字…字形，書き順，意味，学習スタイルに気をつけて漢字を書く。

文づくり…書きことばのルールに慣れて，自分の思いや考えを表現する。

考えて書く…思いや考えを書く。内言で考える力や論理的思考力を高める。

● 活動の意味 ●

○書く力は，**学習参加の土台**。書く力に苦手さがあると，学習参加に影響を与えてしまう。書く力をつけ，学習参加をスムーズにできるようにする。

○書く力は，**学習の証**。学ぶプロセスや結果を書くことで残していく。書いたものは，つまり学習の証になっていく。書く力を伸ばし，より活用しやすい証を残せるようにする。よい証は，次へのエネルギーになっていく。

○書く力は，**思考の土台**。書くことには，思考が表れる。また，書くという行為には，思考する力が求められる。書く力が伸びると思考の力が伸び，思考の力が書く力を伸ばしていく。

○書く力は，**衝動性をコントロール**する力につながる。ていねいで見やすい文字を書く行為には，自分の行動を調整する力が必要とされる。長い文章を書ける力には，集中の持続が求められる。文字や文章をていねいに書き続けられることは，衝動性をコントロールする力と関係している。

○書く力は，**自我の土台**。書く行為は，話す行為と大きく違う特徴をもっている。話す行為は，他者との関係の中で成立するが，書く行為は，自分の内面や自分の内なる相手と向き合う中で成立する。書く力が伸びると，内言で考える力が伸びていく。内面で自分と向き合わないと書く行為はできない。そのため，書く力は，自我の育ちに大きな影響がある。

● 学び術のポイント ●

□**量の配慮**。書く活動で，子どもたちの最初の抵抗は，量の多さにある。自分が書ける量から，少しずつ増やしていく。キーワード（単語）だけを書く。キーセンテンス（文）を書く。箇条書きで書く。文脈に沿って書く。自分の考えを書く。全体の構成を考えて書く。

□**ていねいさ**。文字，漢字，文をていねいに書く力を伸ばしていく。視写，なぞり書きで練習する。よいモデルを見る。文字の行や列の調整に気をつける。状況に応じて，書くスピードを調整できるようにする。

□書く力を**補助するツール**。授業への参加が難しい子が，1cmマスのノートに書く練習を積み重ね，それができるようになったことをきっかけに，授業への参加度がアップしたことがある。その子に合うツール（マス目，枠，余白，ワークシートの工夫）を活用し，文字を書く力を伸ばしていく。

□書く力の**ステップ向上**。書く力に考慮したステップアップを図る。

□書く力の**見守り**。書いたものは，結果が目に見えて残りやすい。内容，書き方など，振り返りの基準を決めて振り返る。先生や家族が書いたものをていねいに見てくれる積み重ねは，書くものに対する動機を高め，他者（先生，友だち，家族）に認められることで，次の力につながっていく。

□書く力を**活かす体験**。書いたものを活用し，何のために書くのか，書くことの大切さを実感できるようにする。自分が書いたノート，まとめ，ワークシートなどを見直すことで，それまでの学習や思考のプロセスと結果を確認することができ，現在の課題に向かう力になっていく。発表物などを工夫し書くことで，互いの学習の成果を分かち合えるようにしていく。よく考え，工夫して書くことで，自己表現できる喜びを体験していく。

□書く力の土台は，**読書**。本を読み，他者の作品を読むことは，書く力の土台となっていく。よいモデルとなる文章に触れる読書の体験を増やすことで書く力を伸ばしていく。

書く力を育て，内言で考え，心の中の自分と話す力も伸ばしていこう。

44 漢字学習の基本

● 課題内容／基本バージョン ●

◇漢字学習のプロセスを踏まえて漢字を学ぼう。①漢字の読み方，意味の確認。②字形の弁別。③書き方の練習。空書き→指書き→なぞり書き→視写→自分の力で書く。④記憶に残す反復練習。

● 活動の意味 ●

○漢字学習が苦手になってしまう訳。

①漢字は，字形認識と記憶。線の形，部首，つくりなどの視覚認知に苦手さがある。

②漢字は，書き順を覚える。運筆を継次的に覚えることに苦手さがある。

③漢字は，字形，音（読み），ことばの意味の一致。ことばの力，読み方や意味を状況に合わせて使いこなすことに苦手さがある。

④漢字を覚えるときには，最初に一斉で空書きをするなど，みんなと一緒に活動することが多い。また，記憶に残すまでは，繰り返しの練習が必要になってくる。この一斉での学習や粘り強い学習に苦手さがある。

⑤画数の多い漢字などは，小さいマスの中で複雑な線を書いていく。ていねいに線を書くための集中力や運筆の器用さに苦手さがある。

○空書き，指書き，なぞり書き，写し書き，意味調べ，形の弁別などを学習していく。それぞれの苦手さに対応した漢字学習の方法を工夫する。

● 学び術のポイント ●

□形を視覚認知できる，書き順を覚える，意味を理解し状況に応じて使い分ける，学習スタイルの確立，運筆の集中力と器用さ（目と手の協応），はね・止めができる運動の調整力などの力を育てていく。

漢字学習には，いろいろな力が必要。苦手さに応じた学び術の工夫。

45 筆順アニメーション（漢字筆順）

● 課題内容／基本バージョン ●
◇筆順アニメーションを使って，漢字の書き順を覚えよう。

　一画ずつ，漢字が書かれていくアニメーション。パワーポイントで作成でき，専門のアプリ，ソフトがある。

・筆順アニメーションに合わせて，一画ずつ空書きをする。
・難しいときには，アニメーションの動きを見てから空書きする。慣れてきたり，書き順を覚えてきたら，アニメーションの少し前に空書きし，自分の動きが正確かをアニメーションで確認する。
・アニメーションに合わせて空書きしたら，ノートに書いていく。

● 活動の意味 ●
○漢字を空書きするときは，指の動きの跡（線）をイメージすることが大事。筆順アニメーションでは，**字形をイメージしながら空書き**できる。筆順アニメーションを使うことで，書き順のイメージをもち，運筆を継次的にとらえやすくなる。書き順の利便性に気づくことができる。

○集中して目標の動きを見続けることの苦手さや継次的に運動を処理することの苦手さがあると，漢字の書き順の学習が難しくなってしまう。書き順を覚えながら漢字を覚えたほうが，文字の形を再現しやすくなる。

○漢字の書き順学習は，継次的な情報処理のエクササイズにもなる。

● 学び術のポイント ●
□筆順アニメーションを見た直後に，空書きやノートに書いてみる。運筆を**継次的に理解**しながら，漢字の書き方を覚えていく。

□書き順のイメージがもてるようになると，**番号順**で表記した書き順や**色別**で順番を表した書き順が理解できるようになってくる。

> 筆順アニメーションは，字形をイメージしながら，書き順を覚えていくことができる。

46 なぞなぞ漢字

● 課題内容／基本バージョン ●

◇次のなぞなぞに当てはまる漢字を選ぼう。

・おいしい物を食べたり，声を出したりするとこって，どーこだ？
・ゆうがた，たいようがさよならするのは，どっちのほうがくかな？
・しんごうの色。止まれは，何色かな？
・ふわふわ，お空にうかんでいる白いものって，なーに？
・うさぎさんは長いよ。音をきくのは，どーこだ？
・空からぽつぽつふってくる，つめたいお水は，なーに？
・まわりがまっくらになって，月や星が出ているのはいーつだ？
・歩いたり，走ったりする時，いっぱい動かすのは，どーこだ？

あ耳　い夜　う足　え目　お雨　か西　き雲　く赤　け東　こ口

● バージョン2 ●

◇漢字が答えになるような，なぞなぞ漢字カルタを作ってみよう。

● 活動の意味 ●

○漢字の意味をなぞなぞ方式で学習する。漢字の意味を遊びながら覚えたり，考えたりできる。

○漢字が答えになるなぞなぞを考え，漢字の意味を言語化する学習になる。

● 学び術のポイント ●

□「なぞなぞ漢字」をカルタ（問題文と答えカード）にし，**カルタ方式**で学習を進める。カルタ方式で学習すると，

・読み札と取り札の1対1対応で処理していくので，学習しやすい。
・遊びながら繰り返しの学習がしやすく，覚えやすい。
・読み手，取り手と役を交互に行ったり，やっている人を見て学習したり，自分が挑戦したり，いろいろな角度から学習しやすい。

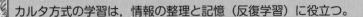
カルタ方式の学習は，情報の整理と記憶（反復学習）に役立つ。

47 形から漢字を学ぶ

● 課題内容／基本バージョン ●

◇漢字の字形の違いを意識して，漢字を覚えよう。

- 似ている漢字探し…今まで学習してきた漢字の中から，似ている漢字を見つけ，字形の違いを比べる。部首に気がつく。同じ部分を見つける。
- 間違い探し…ちょっとだけ違う漢字を書き，その間違いを見つける。
- 字形の弁別１…いくつかの漢字から正しい字形の漢字だけを見つける。
- 字形の弁別２…漢字カードを何枚か用意し，字形だけで漢字を弁別する。
- 字形の弁別３…漢字カードで神経衰弱をする。
- 部首カード…部首とつくりのカードを作り，カード合わせで漢字を作る（見本を見ながら。瞬間だけ見て，即時的に作る。記憶で作る）。
- 同じ部首の漢字だけを集めて，部首による漢字の意味の違いを学習する。
- 字形で気をつけるポイントをことばにし，字形の特徴を意識する。
- １分間，漢字を注視し，１分後に書く。短期記憶の積み重ねで覚える。
- 粘土で漢字づくり…粘土などで，漢字の形を立体的に造形する。
- 字形を身体表現し，身体で覚える。

● 活動の意味 ●

○形を認識するのが苦手な子も多い。漢字の形に着目した学習法から字形を認知する力を伸ばす。文字の弁別の力や漢字のつくりの合理性に気づく力が伸びてくると，漢字を覚えることに抵抗がなくなっていく。

● 学び術のポイント ●

□字形を弁別するときは，比べる漢字の形の**難しさと量**に配慮する。
□違いを見つけたら，その部分に色をつけ，違いを**クローズアップ**する。
□漢字を一覧表にして身近な場所に貼り，いつでも目につくようにする。覚えた漢字を一覧表で，チェックしていく。

> 漢字の字形を視覚的に，意味的に，言語的に学習しよう。

48 文づくり

● 課題内容／基本バージョン ●

◇◻に，ことばを入れて文を作ろう。

　空は，◻。（主語から述語を考える）

　◻は，広い。（はやい。大きい。強い。）

● バージョン2 ●

◇次のことばを並び替えて文章を作ろう。

　例1（いぬ　ぞう　大きい）　　例2（あり　えさ　ちいさい　はこぶ）

● バージョン3 ●

◇5W1Hを使って，楽しかったことを文にしてみよう。

● 活動の意味 ●

○基本バージョンは，主語から述語を考える問題と述語から主語を考える問題。2つの積み重ねから，文章の基本，主語と述語の関係を学習する。

○バージョン2は，ことばの関係性を考えながら，文章を作る問題。

○バージョン3は，文の基本的な要素を意識して文づくりをする問題。

少しずつステップアップしながら，文を作る感覚をつかんでいく。

● 学び術のポイント ●

☐すぐに文（書きことば）にできないときは，最初にお話をして（**話しことば**）から，文にする。

☐お話したことを見本に書いてもらい，**見本**を参考にしながら書く。

☐文の内容を絵や写真（**視覚的な手がかり**）でイメージを膨らませて，書く。

☐書きやすいように，あらかじめ**テンプレート**（フォーマットが決まっているワークシート）を使って，文を書く。

☐**友だちの文**の書き方と比べて，参考にする。

ことばを書くから文を書く，には大きな飛躍がある。ことばの関係性を類推して，文の構成を意識することからこの飛躍を飛び越えて行こう。

49 助詞埋め

● 課題内容／基本バージョン ●
◇□にことばを埋めて，文を作ろう（抜けている助詞を考える）。
 ・ちいさなあり□，えさ□はこんだ。ぞう□いぬ□大きい。
 ・まさるくん□あきらくん□，こうえん□あそんだ。

● バージョン２ ●
◇助詞から文を完成する（□にことばを埋めて，文を作ろう）。
□が，□をはこんだ。
□と□は，□。

● バージョン３ ●
◇助詞の間違いを探し，直してみよう（間違った助詞の文の間違いを直す）。
例：ちいさなありわ，えさおはこんだ。

● 活動の意味 ●
○助詞は，ことばとことばの関係性を表す。発達障害のある子の中には，ことばの関係性を正確に把握したり，表現したりするのが苦手で，単語を羅列してしまう子も多い。不注意が多い子は，助詞を飛ばして読んでしまうこともある。助詞を意識して文を作ったり，話したりできる力を育てる。

● 学び術のポイント ●
□**助詞カード**（「は」「が」「を」「に」「へ」「と」「より」など）を作り，カードをいろいろ入れて試しながら，文づくりを考える。
□普段読む文章の助詞に**印**をつけたり，**色**を変えたり，助詞を意識して読む。
□同じ文を繰り返し読み，記憶の力で助詞の入れ方の感覚をつかむ。
□基本バージョンとバージョン２の可逆の関係（ことばから助詞，助詞からことば）から，助詞とことばの関係性をつかんでいく。

> 助詞は，ことばの関係性を表す文のおへそ。助詞を正しく使って，相手にわかりやすい文を書こう。

50 内容を豊かにすることば

● 課題内容／基本バージョン ●
◇くわしくすることば（修飾語）を考えて文を作ろう。
　・風が□□□□□吹く。
　・□□□□□みたいな葉っぱを拾った。
◇次の文の修飾語を○で囲んでみよう。
例：空には　雲が　ぽっかりと　うかんでいる。
　　石は　ころころと　坂道を　ころがった。

● 活動の意味 ●
○「どんな」（様子を表すことば），「～のように」（たとえることば）「どのように」（やり方を表すことば）など，文の内容を豊かにすることば（修飾語）を使いこなす力を育てていく。発達障害のある子どもの中には，状況を豊かにとらえられずに一面的な見方になってしまう子も多い。内容を豊かにすることばを考えることで，身の回りのことを観察する力が育っていく。内容の豊かさ，多面性，柔軟な思考，いろいろな状況への理解などの力が育っていく大切な学習。

○「～のような」などのたとえることば（比喩表現）を考える活動は，それぞれのことばに共通する状況を見つける力になる。「どんな」を考える活動は，物事の様子をとらえ，自分の周りの特徴を考える力を育てていく。「どのように」を考える活動は，取り組みの方法や過程をとらえる力を育てていく。

● 学び術のポイント ●
□教科書や自分が**読んだ本**の中から，内容を豊かにすることばを集める。
□**ドリル**で学ぶ。**モデル**から学ぶ（教科書の文）。友だちの作品や答えから学ぶ。学んだことばを自分の文に使いこなす体験を増やしていく。

> 文を豊かに書く力は，周りの物事を豊かに感じる力を育てる。物事を豊かに感じられるようになると，いろいろと楽しくなってくる。

51 ことばつなぎ

● 課題内容／基本バージョン（ことばのつながり）●

◇□に入ることばを考えて，文を作ろう。

例：□はる。　□あさ。

　　うみは，□。うみで，□。うみには，□。

● バージョン2（気持ち）●

例：□をしていると，たのしい。

　　□をしていると，かなしい。

　　□，うれしい。

● バージョン3（感嘆することば）●

例：えっ，□。　　なんて，□。

　　おーい，□。　さあ，□。

㋐すばらしいのでしょう。　㋑いこう。　㋒こっちだよ。　㋓ほんとう。

● 活動の意味 ●

○前後のことばから類推し，文を完成する。限られた条件から文脈を考える学習になる。つなぐことばをいろいろ考えることで語彙力を高めていく。

○1つの答えだけでなく，多様性を考えることで，柔軟な思考が育つ。

● 学び術のポイント ●

□自分1人でことばが思いつかない場合には，**ことばカード**を用意して，ことばカードを当てはめながら考える。

□友だちの答えや**模範解答を参考**にしながら，考えのバリエーションを広げていく。

□バージョン3のように，**選択肢**から答えを選ぶ。

ことばをつないで文を作り，ことばのイメージ力や論理性を伸ばそう。

52 文と文をつなぐことば

● 課題内容／基本バージョン ●
◇接続語を考えて，文を作ろう。
例：雨が降ってきた。（　　　　　）サッカーの試合は，続けられた。
　　雨が降ってきた。（　　　　　）サッカーの試合は，中止になった。
　　このスープはおいしい。（　　　　　）栄養もある。
　　駅まで歩いていきますか。（　　　　　），バスに乗りますか？

● バージョン２ ●
◇２つの文を比べて，違いを考えよう。
　①ぼくは，最後までがんばりました。けれども，試合に負けてしまいました。
　②ぼくは，試合に負けてしまいました。けれども，最後までがんばりました。

● 活動の意味 ●
〇文と文の関係を表す接続語を学習することは，文の意味のつながり（文脈）や文章の論理性を考えるエクササイズになる。
〇接続語を学ぶことで，文脈を正しく理解したり，推測したり，表現したりする力がついていく。
〇バージョン２のように，微妙なニュアンスの違いを考える問題を積み重ねることで，他者の表現や気持ちを理解する力が育っていく。

● 学び術のポイント ●
□接続語のことばを**カード**にして当てはめて考える。
□接続語の**一覧表**を作り，わからなくなったらその一覧表から見つける。
□文を読む，話すとき，接続語を意識できるように，少し間を置いて読む。
□**教科書**から接続語を見つけて，その使い方を知る。

> 接続語の学習は，文章の論理性や文脈の読み取り学習にぴったり。微妙なニュアンスをつかめるようにしよう。

53 写真日記

● 課題内容／基本バージョン ●
◇自分の体験したことを写真に撮り，日記に書こう。

● バージョン2 ●
◇自分の書いた日記を誰かに読んでもらったり，まとめて振り返ろう。

● 活動の意味 ●
○自分が体験したことを思い出し，文章にする活動を，初期の段階では難しいと思ってしまう子も多い。そんなとき，自分が体験したことを写真に撮ってもらい，それを見ながら振り返ることで，出来事を思い出して書けるようになっていく。

○自分の出来事を振り返る力は，「自己モニター」の力につながり，自我の成長にとっても，大きな意味がある。

● 学び術のポイント ●
□初期の段階では，写真を見ながら，自分の体験を振り返って話をする。

□写真を見ながら，話し合ったことを文章にしてあげる。そのモデル文を見ながら書いていく。

□5W1Hのように，思い出す観点を決め，**フォーマット**された用紙に日記を書いていく。特に，自分の気持ちを書くことを心がける。

□自分が書いた日記を誰かと一緒に読み，日記を楽しめる場や機会を作る。自分が書いたもので**楽しめる経験**は，次に書くエネルギーになっていく。

□写真日記をまとめて**振り返り**，日記にする楽しさを感じられるようにする。

> 写真は，エピソードを視覚的に再現できる。体験をイメージする。
> 書くことが苦手な子でも，写真があれば日記を書くことができる。

54 絵と文のマッチング(状況の読み取り)

● 課題内容／基本バージョン ●

◇誰が，誰に，何をした（何をしてもらった）を考えて文を書こう。

例：○○が△△に～した。 ⇔ △△が○○に～してもらった（視点の変化）。

◇次の絵の様子を文にしよう（似た状況の絵を見て，書き方の違いに気をつけてくわしく書く）。

● 活動の意味 ●

○視点の違い，状況の特徴を読み取ったことを書く力を育てる。

○5W1Hなどの観点に合わせて書く。気持ちやセリフを考えて書く。

● 学び術のポイント ●

□絵本などの絵と文字をそれぞれの別の**カード**にし，**マッチング**する。

□文を読んで，それに合う絵を見つける。（**文→絵**）

□絵を見て，その様子を文にする。（**絵→文**）

□絵と文のマッチングや神経衰弱をする。（**絵⇔文**）

□1人で考えるのが難しい場合，**キーワード**だけを挿入する学習から始める。

□文のひな型や**モデル**を見ながら，絵に合った文章を書く。

55 文の種類（文体）

● 課題内容／基本バージョン ●

◇文体の違いを意識して文づくりをしてみよう。

- 「ひまわりが咲いていた。」⇒ていねいな文に直してみよう。
- 「学校に，花を持っていった。」⇒聞く文に直してみよう。
- 「朝は，早く起きます。」⇒命令する文に直してみよう。
- 「この氷は，すぐにとける。」⇒自分が考えた言い方に直してみよう。
- 「サボテンにも，花がさく。」⇒人から聞いた言い方に直してみよう。

● バージョン2 ●

◇文を読んで，それぞれの文体を考えよう。

例：あ明日は，雪になるらしい。

　　　いもっと早く走りなさい。

　　　う日本一高い山は富士山ですか？

①命令する文　②人から聞いた文　③尋ねる文　のどれだろう？

● 活動の意味 ●

○発達障害のある子の中には，状況や相手に応じて表現を変えることができずに，言動が画一的，乱暴になってしまうことがある。文体を変える学習を通じて，相手や周りの状況に応じた表現を考える力を育てていく。

○文体の違いを理解できる力は，他者の表現の意図を理解する力につながる。ことばや書く力を育てていくことから，気持ちが育っていくこともある。

● 学び術のポイント ●

□文体の語尾の違いを表す**カード**を作り，それぞれの文に当てはめながら，文体の違いや意味の違いを考える。

□教科書や本の中から，それぞれの文体の違う文章を見つける。

　例：人から聞いたように書いてある文を見つけよう。

> 状況（文の背景）の読み取りの力と，文体に気をつけて書ける力は関連している。文体の学習から，状況の読み取り力をアップしていこう。

56 視点の変化

● 課題内容／基本バージョン ●

◇女の子が，テーブルの上の物を見ている。女の子から見ると，どう見えているかな。

◇ぞうを後ろから見たら，どう見えるか想像して，その様子を書こう。前から見たら，どう見えるか想像して書いてみよう。

● 活動の意味 ●

○視点とは，ものを見たり，考えたりする立場のこと。自分の立場から見るだけでなく，相手の立場になりきって，相手から見える世界を想像する力を育てていく。発達障害のある子の中には，この視点の変化の思考が苦手な子も多く，ものの見え方，事実のとらえ方，気持ちのとらえ方など，視点の変化ができる思考力を育てていく。

【4コマまんがの例】

● 学び術のポイント ●

□実際の体験や操作を通して，想像できるようにしていく。

□友だちの考えを聞き，いろいろな見方があることに気づけるようにしていく。

57 4コマまんが

● 課題内容／基本バージョン ●
◇4コマまんが（例：前ページの4コマまんが）を見て，お話の文を書こう。
◇3コマまでを文にまとめ，（4コマ目を隠し）4コマ目を推測し，お話の続きを書こう。
◇長編のまんがを見て，話の流れや感想を文にまとめよう。

● 活動の意味 ●
○視覚的な手がかり（絵）から状況を読み取り，話の流れを文章にしていく。4コマまんがの場合，話の流れ（文脈）があり，起承転結という流れで出来事を整理する力を育てる。日々の自分の状況理解の土台となっていく。
○視覚的に把握したことを言語化，文章化できるようになると，自分の周りで起きた出来事を整理し，伝える力につながっていく。
○4コマ目を推測する力は，出来事の流れ（文脈）を予想する力になる。予想する力の育ちは，先を見通して行動を調整していく力につながっていく。

● 学び術のポイント ●
□主人公の行動，気持ち，考えていること，結果，自分（読み手）の思いなど，文章にまとめるときの観点やまとめ方を形式化（**フォーマット**）し，整理の仕方をトレーニングしていく。
□文章にすぐに書けない場合，話し合いながらポイントに気づけるように**リード**する。一度話し合ってから文章にまとめていく。
□主人公の様子やセリフに注目しながら，話の流れを感じる。または，書かれていない**セリフを連想**し，吹き出しにして書いてみる。
□市販の教材として『ロダンのココロ』『コボちゃん』など，いろいろな4コマまんがを活用して，文にする。

> 話の流れや因果関係を読み取り，表現する学習を通じて，自分の周りに起きた出来事を表現できる力をアップしよう。

58 読書感想文

● 課題内容／基本バージョン ●
◇質問に答えながら，読んだ本についてまとめてみよう。
- 登場する人の名前と特徴，いつ，どこのお話？
- お話の出来事を，「始め」「中1」「中2」「まとめ」でまとめると？
- 面白かったこと，驚いたことは？　どのシーンが面白かったかな？
- 自分との違い，自分だったらどうするかな？
- その時，登場人物はどんなふうに感じたり考えたりしたかな？
- それを自分はどう感じたかな？　自分が感じたことや思ったことは？
- この本を選んだ理由は？　例：私は〜に興味があったので，○○について書いてある本を読むことにしました。
- 本を読んで一番強く感じた気持ちやその理由は？

● 活動の意味 ●
○読書感想文が苦手な子は，多い。読書感想文に必要な要素を整理し，まとめていく。自分の感じたことをまとめて伝える練習になる。

● 学び術のポイント ●
□**ワークシート**や誰かの**リード**を受けながら内容を整理する。
□読書感想文のスタイルを，**テンプレート**を使って学習する。質問に答えると，読書感想文が書けるようなテンプレートやキーワードを書き込めば完成するようなテンプレートを用意し，そこに書き込んでいく。
□「○○さんに，本の内容や面白かったところを伝える」としたら，どんなふうにお話するかをイメージしながら書く。
□心に残った登場人物のことばや行動に線を引いたり，付せんを貼り，それをヒントにしたり，引用して書く。

読んだ本を他者に向けて表現する力がアップしてくると，自分の周りに起きた出来事や学習内容を他者と共有する力も伸びてくる。

59 タイトル，リード文，本文，構成力

● 課題内容／基本バージョン ●
◇新聞記事を集めて，記事の見出し（タイトル），リード文，本文（内容）などの構成に注目して，記事の書き方を比較してみよう。

● バージョン2 ●
◇新聞記事を使って，本文（内容）から，タイトル，リード文を作ってみよう。自分が作ったタイトル，リード文を実際の新聞記事と比較してみよう。

● バージョン3 ●
◇自分が体験した出来事や調べたことを新聞風にまとめてみよう。

● 活動の意味 ●
○タイトルやリード文という構成力を身に付けていくと，普段の話し方やまとめ方にも大きな力になっていく。
○発達障害のある子は，相手の状況に関係なくだらだらと話してしまったり，書いてしまったりすることがある。タイトルやリード文は，他者を意識して，わかりやすく話したり，書いたりするトレーニングになっていく。
○タイトルを考える力は，ポイントのキーワードをとらえる力になっていく。
○リード文を考える力は，要旨をまとめる力になっていく。

● 学び術のポイント ●
□多くの**新聞記事**や文に触れ，「タイトル，リード文，本文」の感覚を育てる。
□バージョン2のように，実際の新聞記事を**ドリル風**にして，学習する。
□友だちがまとめた新聞記事を比べて学ぶ。時には，**モデル**にする。
□普段の発表，伝え方，話し方を「タイトル，リード文，本文」という構成にするように意識していく。
□大人の話し方，書き方が**よいモデル**になるようにする。

タイトル，リード文，本文に分けて，文を書けたり，お話ができたりすると他者に伝わりやすくなるだけでなく，思考の整理にもなっていく。

60 文の構成を考えて

● 課題内容／基本バージョン ●

◇取材を基に，リーフレット（または，パンフレット）づくりをしよう。

例：私の○○を紹介します。（私の町，私のクラブ，私の友だち，私の好きな本，私が夢中になった遊びなど）

　　ぼくが見つけた○○を紹介します。（町の中の記号，エコ活動）

　　いろいろな仕事を紹介します。

● 活動の意味 ●

○リーフレットは，1枚の紙に情報を構成して，折りたたんで作ったもの。パンフレットは数枚の紙を綴じ込んだ小冊子。限られたスペースを利用して効果的な構成を考える力を育てていく。

○構想→下書き→下調べ→取材（メモ）→練る→推敲（微調整）→清書→発表→相互評価という学習のプロセスを意識して1つのものを作り上げていく。プランニング，情報の収集・整理・編集，インタビュー力（聞く力），メモ力，試行錯誤，振り返りと見直し力，最後まで集中する力など，1つの活動の中で，多くの力を体験していくことができる。

● 学び術のポイント ●

□見本とするパンフレット，リーフレットなどを比べて，パンフレットやリーフレットの特徴を知る。

□写真などを入れて視覚的な効果をねらう（写真選びでは，アップとルーズなど効果的な写真の選択を工夫する）。

□伝えたいことが明確に伝わるように表現や紙面構成を工夫する。自分で考えるのが難しいときには，レイアウトのテンプレートやモデルのひな型，例を参考にして作る。

□構想，下書き段階で他者と感想を交流し，よりよい完成品を目指す。

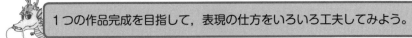

1つの作品完成を目指して，表現の仕方をいろいろ工夫してみよう。

61 うっとりノート

◉ 課題内容／基本バージョン ◉

◇次のようなポイントを意識しながら，ノートの取り方を学習しよう。
　①月日　②題　③ていねいな文字（マス目，枠，線などは定規の使用）④余白の上手な使い方　⑤今日の学習ポイント　⑥課題内容　⑦課題への取り組み過程　⑧板書以外の自分の考え（場合によって，友だちの考え）　⑨内容によって図式化（番号，箇条書き，枠，フローチャート化）　⑩学習の成果の整理（今後の学習へ活かすポイント）　⑪重要なポイントのクローズアップ（線引き，囲み，色鉛筆）　⑫わかりやすいマークを使う。

◉ 活動の意味 ◉

○ノートには，活動への参加度，思考の過程や理解度，学習の様子が証として残されている。しかし，最初から上手にノートを書けることは少ない。学習内容に応じて，ノートの取り方を学習していく。

○ノートを上手に取れるスキルは，学習への参加度，理解度を支えてくれる。

◉ 学び術のポイント ◉

□黒板とノート，マス目などの**様式を同じ**にして視写しやすくする。
□模範の**モデル**となるようなノートを見ながら書く。
□ノートの**書き方のルール**や**フォーマット**を教科や活動によって決める。
□「うっとりするようなきれいなノート」をイメージした，ノートの**自己チェック**ポイントを明確にし，身近な目につくところに貼っておく。
□先生からの一口**コメント**が，次のエネルギーになっていく。
□活動中に，自分のノートを振り返る時間をあえて作る。ノートを媒介としながらその日の学習を振り返る。ノートを**書くことの意味**を実感できるようにする。
□時には，まとめたノートを見ながらテストを行う。**ノートを活かす。**

> うっとりするきれいなノートを書き，学習内容と思考を整理しよう。

7章 読む力を育てる学習課題＆学び術

学び・考える力

62 音読の工夫

● 課題内容／基本バージョン ●

◇いろいろな音読の方法に慣れて，音読しよう。

①追い読み…先生が先に読み，同じところを子どもが読む（復唱）。

②一斉読み…全員で息をそろえて，読む。

③順番読み…先生→子ども　列の順番　1人ずつ順番　男の子→女の子　グループごと　など，文（〇読み），段落ごとに順番で読む。

④役割読み…登場人物，わかち書きなど，与えられた役割で読む。

⑤竹の子読み…自分の読みたい場所を次々と読む（場合によっては起立）。

⑥カラオケ読み…カードやパワーポイントなどで提示された文章を読む。

⑦一人読み…自分の速さで学習したことを活かしながら，1人で読む。

● バージョン2 ●

◇読み方を工夫しよう。①リズムに合わせて読む（先生が拍を入れる）。

②目をつぶって追い読み。　③声の大きさを工夫して読む。

④読む雰囲気を工夫して読む。　⑤声を出さないで読む（黙読）。

● 活動の意味 ●

〇音読は，文章の理解，読み取り，ことばの力を伸ばす。**目で読み，声を出し，耳で聞く**。目，口，耳の3つを使い，覚えやすく，忘れにくくなる。

①**追い読み**…モデルの読み方に合わせる。読みの流れや正確さを意識しながら読める（瞬時の聴覚記憶を使う）。1人では読めない子でも，モデルの読み方（音）を聞くことで，文字の世界（読み）に入れる子もいる。

②**一斉読み**…自分だけのリズムではなく，みんなと一緒に読み，正確に読めているかがわかる。一斉読みは，集団行動の力の基礎にもなる。

③**順番読み**…順番を意識し，読むことと聞くことを交互に行う。みんな（他者）の読みのリズムを意識し，自分の順番を待ち，読む心の構えを作り，スイッチONにするなど，読む力と行動の調整力が育っていく。

④**役割読み**…文の意味や雰囲気をより一層感じながら読むことができる。
⑤**竹の子読み**…自分から能動的に授業に参加する練習になる。
⑥**カラオケ読み**…一字一字，注意集中を高めながら読む。
⑦**一人読み**…自分の読み方を自己チェックしながら読む。

● **学び術のポイント** ●
□自分が読んでいないときでも，目で文字が追えているかを見守る。目で追えないときには，先生の指さし，自分で指さし，マスキングしながら読む。
□復唱する文の長さを配慮する（単語，句読点，文，2文以上）。
□読み方の自己チェックの観点をわかりやすく表示（「音読名人をめざせ！」
　⇒姿勢，本の持ち方，正確さ，声の大きさ，発音，ことばの意味，リズム）。
□練習文を繰り返し読むことを通じ，発声，発音，口形などに気をつける。

> 正確に読むことは，文の意味を読み取るための始まり。声に出して読むことで，読み間違い，読み落としをなくし，文の意味を理解していこう。

63 なぞなぞ／関係類推

● **課題内容／基本バージョン** ●
◇なぞなぞの問題を出し合おう。　◇なぞなぞカルタをしよう。

● **活動の意味** ●
○なぞなぞは，問いの条件を満たす答えを思考する。条件を正確に聞き取る，文脈を読み取る，手がかりから柔軟な思考をするなどの力が鍛えられる。

● **学び術のポイント** ●
□問う側と答える側の両方を体験し，思考の練習になる。
□カルタは，**何度も取り組む**ことができ，なぞなぞに慣れていく。
□カルタは，場合によって，ことば（文）だけでなく，絵が**思考の手がかり**になるので，取り組みやすい。
□カルタでの学習は，問題カードと答え**カードの対応**で整理することができ，思考の仕方がわかってくる。

64 文脈を読む

● 課題内容／基本バージョン ●
◇まだ学習したことのないことばの意味を文脈から推測して考えてみよう。
例：雨がやんだので，傘をすぼめる。
　　「すぼめる」とは，どういう意味だろう？
　・教科書などで知らない単語が出てきたとき，すぐに調べるだけでなく，前後の文脈からそのことばの意味を推測してみよう。そのときに，推測した訳も考えてみよう。訳の中に，文脈の読み取りの力が反映されてくる。

● バージョン2 ●
◇文章の大事な部分に印をつける。大事なことばや文章を見つけ，「大事」と思ったキーワード，キーセンテンスに赤，自分の考えを思いついた部分に緑，「あれっ」と感じた部分に青などの印をつけていく。見つけたキーワードやキーセンテンスを使って，読んだ文章の流れをまとめる。

● バージョン3 ●
◇朝の会や先生の話など，聞いた話の内容をメモし，先ほどの色づけで印をつけていく。話の要点を見失わないように要約する。

● バージョン4 ●
◇授業の中で，先生や友だちの話した内容を復唱（文まるごとの復唱ではなく，意図からはずれないように，なるべく短く）してみよう。
◇「（〜君の言いたかったことは）…」と続けるような気持ちで話してみよう。

● バージョン5 ●
◇読んだ文章のキーワードを使い，文章の流れを短くわかりやすく伝えよう。

● バージョン6 ●
◇読んだ文章や聞いた会話の流れを図式化してみよう。読みながら，会話しながら，自分や相手の思いついた内容やキーワードを枠で囲み，メモしていく。ことばのつながりや関係性を線で結んだり，矢印をつけたりする。

◎ 活動の意味 ◎

○発達障害のある子の中には，ことばにされないと伝わらない，文字にされていないと理解できないということがあり，「言わずもがな」の理解を苦手としている子が多い。「言わずもがな」とは，わざわざ言うまでもなく，伝えたいことが伝わっていくこと。「わざわざ言わなくても」伝わるのはなぜか。それは，すでに言っている（書いてある）内容や状況から，伝えたい内容がおおよそ伝わるからである。あえて全部を言わなくても（書かなくても）伝わるということが成立するためには，情報を受ける側が，すでに言ってある部分（書いてある部分）から，おおよその意味（文脈）を理解し，言っていない部分を推測できるからである。全部，言いたいことをことばや文章にしなくても，全体の流れからその状況や意図を読み取る力が文脈を読み取る力になる。「言わずもがな」を正しく理解するためには，文脈（文章全体の筋道。物事や情報などに込められた背景，状況，意図）を読み取る力にかかっている。「文脈を読む」力の学習が大きな意味をもっている。基本バージョンでは，「すぼめる」ということばの意味を知らなくても，文全体の流れからその意味を推測していく。「文脈を読む」始まりといえる。

○文脈を読み取る，感じ取る力が伸びると，コミュニケーションの力も伸びてくる。手がかりから相手の意図を感じ取る力こそ，文脈の力といえる。

◎ 学び術のポイント ◎

□話の流れ（文脈）を意識するトレーニングを積み重ねていく。
　キーワード，キーセンテンス，つなぎのことばなどを見つける練習をする。
□書く力のコーナーで紹介した，「文の結論を考える」「つなぎことばを考える」などの活動は，文脈を読み取る力とつながっている。
□キーワードを枠に並べ，つなげ，文脈を考えていく。
□まとめのワークシートを定型化（フォーマット）しておく。

> 文脈を読み取る力が高いと，話の流れを感じることや相手の言いたいことを理解できるので，コミュニケーションがスムーズになっていく。

65 段落，文章の構成

● 課題内容／基本バージョン ●

◇段落を意識して，文章全体を読んでみよう。

　①文章全体を段落に分けてみよう。②各段落の大事だと思うことばや文を見つけよう。③段落をつなぐことばを見つけよう。④段落のつながりを図式化してみよう。始め（話題・疑問）→中（くわしい説明）→終わり（まとめ）。⑤文章全体を短く説明してみよう。

● 活動の意味 ●

○段落ごとに内容をまとめ，段落のつながりを考えて，文章全体をとらえていく。ポイントを押さえながら，文章全体をまとめて読み解くコツを学ぶ。

● 学び術のポイント ●

□「しっかり読みましょう」などの指示ではなく，具体的な**活動の積み重ね**から文章をとらえていく感覚，スキルを育てていく（段落を見つけ，番号をつける。段落ごとに大事なことばや文に印をつける。要点をまとめる。中心の文を短くまとめる。各段落の要点をつなぎ，文章全体をとらえる）。

□文章全体をとらえる**手順を覚える**（段落数→つなぐことば→大事な文，ことば→つながり→短くまとめ）。

□段落をつなぐ**言葉を見つけ**，段落の関係や役割を考える。役割を読み解くことばを見つけることから，それぞれの文や段落の役割を考えていく。

・問いと答え→（どうして，〜でしょうか。このようにして，〜します。）
・順番を表すことば→（はじめに，次に，最後に）（まず，そして，このように）
・理由を表すことば→（なぜなら，〜からです）
・例を示すことば→（たとえば）
・説明を付け加えることば→（さらに，そのうえ）

> 段落をとらえる力のアップで，文章や話の大筋をキャッチする力もアップ。

66 物語の読み方

● 課題内容／基本バージョン ●

◇物語の話の流れ（場面や登場人物の言動）を整理してみよう。
〈各学年のおおよその目安〉
1・2年生→場面（周りの様子）と登場人物の言動を順序よく整理する。
3・4年生→場面ごとの性格や気持ちの移り変わり。自分の体験と比べる。
5・6年生→人物同士の関係や心情，場面の描かれ方。情景と心情の関係。
中学生→登場人物の言動から人物の人柄を考える。情景から心情をとらえる。

● 活動の意味 ●

○物語を読み，場面や登場人物の言動を整理できる力や「気持ちを読み取る力」は，自己モニターの力の土台となっていく大事な学習課題になる。
○話の流れを印象づける大事なことばに注目できるようにしていく。

● 学び術のポイント ●

□場面ごとに**絵カード**や**文章カード**を作成し，話の流れをつなげていく。
□物語の理解には，場面ごとのつながりを考えること（**継次総合的**な理解）と，1つの場面での関連性を考えること（**同時総合的**な理解）がある。子どもによっては，得意，不得意がある。どちらの理解の仕方も学習していく。
□登場人物の行動，ことばを**場面ごとに整理**してみよう。
□登場人物の特徴がわかる言葉や表現を見つけてみよう。
□登場人物の言動や様子を描いた部分から，推測してみよう。
□意図的に場面，情景と人柄の関係性を整理してみよう。
□文章全体の流れからわかることを整理してみよう。**行動の訳**を考えよう。
□自分で見つけられないときには，答えを選択式にする。
□他の部分を隠し，手がかりになる部分だけをクローズアップする。

> 物語を読み解く力は，日常の出来事を理解する力につながっていく。

67 気持ちを読み取る

● 課題内容／基本バージョン ●

◇登場人物の気持ちを考えてみよう。

- 本文から気持ちを表す手がかりのことばを見つけよう。（1・2年生）
- 「なきなきふもとの医者様へ走った」どんな気持ちだったかな？（「モチモチの木」斎藤隆介　光村図書3年）
- どうして「あんないたずらをしなけりゃよかった」と思ったのかな？（「ごんぎつね」新美南吉　光村図書4年）
- 「しめたぞ。」主人公は，どんな気持ちでつぶやいたのかな？（「大造じいさんとガン」椋鳩十　光村図書5年）
- 「カレー皿に顔をつっこむようにして」食べているのは，どうしてかな？（「カレーライス」重松清　光村図書6年）
- 「ぼくはこけむした倒木にすわり，そっと幹をなでてみました。」この時，筆者は，どんな思いだったのかな？（「森へ」星野道夫　光村図書6年）
- 「はだしで表に飛び出した」のは，どんな気持ちだったのかな？（「字のない葉書」向田邦子　光村図書中学2年）

● 活動の意味 ●

○発達障害のある子の中には，他者の気持ちを読み取ることが苦手な子が多い。気持ちを読み取る力が育っていくと，行動に大きな変化を与える成長のターニングポイントとなる。物語を読んで登場人物の気持ちを読み取り，整理する学習は，他者視点から物事をとらえていくエクササイズになる。

● 学び術のポイント ●

□気持ち（心情）が描かれている表現を見つける。心情を反映している情景描写に注目していく。情景，心情を整理するワークシートを作る。
□自分で考えるのが難しいときには，いくつかの選択肢から選んでいく。
□自分や友だちの体験と結びつけて，登場人物の気持ちを考えていく。

気持ちを読み解く力のアップこそ，その後の行動を変える原動力。

68 お話の登場人物になってみよう

● 課題内容／基本バージョン ●
◇登場人物の気持ちを考えながら，音読しよう。
◇登場人物の思いを想像し，会話の吹き出しを書いてみよう。
◇登場人物の気持ちの移り変わりを，場面ごとに整理してみよう。
◇登場人物になったつもりで，それぞれの役割を演じてみよう。
◇登場人物がどうしてそういう言動をしたのか，訳を考えよう。
◇登場人物になったつもりで，話の流れを日記風に書いてみよう。

● バージョン2 ●
◇道徳の教材は，場面設定や登場人物の言動を類型化しやすいことが多いので，気持ちの読み取り，言動の推測などに役立つ。

● 活動の意味 ●
○自分だったらどうするのか，登場人物と自分を比べて考えることで，他者視点から考えるエクササイズになる。
○どうしてその気持ちだと考えたのか。気持ちの訳や気持ちの背景を登場人物になりきって考えてみる。矛盾した言動に見えたとしても，「どういうときには，どんな言動があったのか」と訳（背景）と気持ちを合わせて考えていく。他者の言動を画一的にとらえない力へとつながっていく。例：普段は○○なのに，△△してしまうなんて，きっと何か訳があるのかもしれない。

● 学び術のポイント ●
□**場面を視覚化**したり，再現したりし，登場人物になりきる**イメージ**を作る。
□自分の体験と登場人物の**行動を比較**する。どんなときにその行動をするか，そのときどんな気持ちか，もしかしたら登場人物は…な気持ちなのか。
□登場人物の言動（表情や身体の変化，態度，会話，キーワードなど）を**整理**することで，気持ちを読み取り，登場人物になりきっていく。

「～になりきって考える力」は，他者視点の真髄。大事に育てていこう。

69 説明文の読み方

● 課題内容／基本バージョン ●
◇各学年のポイントを押さえた説明文の読み方をしよう。
1・2年生→順序の表し方。始め，中，終わり，文の組み立てを考える。
3・4年生→段落の中心となる語や文。段落の組み立てや段落同士の関係（つながり）を考える。
5・6年生→要旨をとらえる。事実と感想，意見の関係を整理する。筆者の説明の例や資料の使い方を考える。
中学生→段落の役割を整理（導入，問題提起，説明・解説，理由・根拠例示，引用，まとめ・主張）。要点を押さえてまとめる。

● 活動の意味 ●
○説明文の読み方を学習し，書き手の述べたいポイントを読み取る力を育てる。生活の中でも，他者の言いたいことや意図を感じ取る力がついてくる。
○説明文の読み取りを構造的にとらえる力がついてくると，自分の考えを伝える力も伸びてくる。

● 学び術のポイント ●
□**時系列を表すことば**を見つける（はじめに，次に，そして，おわりに）。
□段落に分け，番号をつける。**段落の小見出し**をつける。内容を**ラベリング**する。キーワード，キーセンテンスを見つける。**要約**する。
□キーワードを書き入れると，要旨がまとめられるような**ワークシート**を提示し，要旨のまとめ方に慣れていく。
□**結論**を見つける。根拠を表すことばを見つける（なぜなら，〜ので，〜から）。結論をどう説明しているのか，結論と説明の関係をとらえていく。
□段落をつなげることばを見つけ，内容のつながりを読み取り，段落の役割を考える。**段落の関係を図式化**する。

> 説明文の読み取りは，情報を整理しながらとらえる力になっていく。

70 事実と考えを読み分ける

● 課題内容／基本バージョン ●
◇事実なのか，筆者の考え（感想や意見）なのかを読み分けよう。
◇筆者の考えの中心となることばや文を見つけよう。
◇筆者の考え（感想や意見）を裏付ける訳（根拠）を見つけよう。
◇事実を紹介するときの文章以外の資料の使い方に注目しよう。
◇結論がどこに書かれているかを見つけよう。結論と説明の関係を考えよう。
◇筆者と自分の考えを比べながら読もう。自分なりの理由を考えながら，筆者の考えへの賛成，反対の意見をまとめてみよう。

● 活動の意味 ●
○筆者は，事実をもとに分析し，意見を生み出している。他者の考えを聞く（読む）とき，その考えの背景には，訳，根拠があることを知る。単に，意見の違いを見つけるだけでなく，訳（根拠）まで考えられるようになると，より深く相手の考えを理解できるようになる。相手の考えや論理展開を正しく理解する力につなげていく。
○説明文を図式化できる力は，他者の考えを整理して聞く力がついていく。
○説明文を構造的に学習し，考えをより正確に組み立てる力にしていく。

● 学び術のポイント ●
□論理展開の代表的なことばを見つけ，説明文の読み方の入り口にする。
　・事実を述べた部分やことばを見つける。「～する」。
　・根拠を述べたことばを見つける。「なぜなら」「～ので」「～から」。
　・考えを述べたことばを見つける。「～と考える」「～だろう」「～べきだ」。
□段落の役割を示すことばの一覧を見えるところに貼り（置き），それを見ながら，文を読む。

事実と考えを読み分け，他者の考えの背景にある訳（根拠）を読み解こう。

8章 思考を育てる学習課題＆学び術

学び・考える力

71 間違いやすい問題の先に見えてくる

● 課題内容／基本バージョン ●
◇今までのテストを振り返り，間違い方の特徴を調べよう。

● 活動の意味 ●
○過去のテストを見比べ，間違い方の特徴から，その子が抱えている「できにくさ」が見えてくる。「できにくさ」に対応した学び術を見つけていく。
○間違いの中に学習への手がかりが見つかる。間違いは学習の宝。

● 学び術のポイント ●
□**衝動性**が強い子が間違いやすい問題。
　条件の見落とし，読み落とし，文脈の読み取り違い。ケアレスミス。
　情報量が多くなったときの１対１対応の処理。例：大きな数の問題。
□**手順（プランニング）**が苦手な子が間違いやすい問題。
　漢字の書き順。計算・筆算の手順の理解。四則計算の順序。
□**視覚認知**が苦手な子が間違いやすい問題。漢字。量の把握。角度の問題。
□**記憶**が苦手な子が間違いやすい問題。固有名詞・キーワード・公式の記憶。
□**概念理解**が難しい子が間違いやすい問題。差を求める問題や時刻と時間の違いなど，似ていて少し違う問題。「概数」「四捨五入」など，新しい概念が出てきたとき。「もとにする量」「割合と単位量」などの関係性を考える問題。
□**柔軟な思考**が苦手な子が間違いやすい問題。視点の違い。余りの扱い。状況による気持ちの変化の読み取り。工夫する計算。関係性を考える問題（「87　ふしぎな箱」を参照）。記号化された問題。
□**文脈の読み取り**が苦手な子が間違いやすい問題。
　数直線の読み取り。因果関係を考える。事実と感想の違いを読み取る。

子どもの間違いやすい問題と向き合い，「できにくさ」に対応した学び術を会得することで，子どもの明日が見えてくる。

72 系列を考える（中間項の成立）

● 課題内容／基本バージョン ●
◇大きさの順番に並んでいるあるものとあるものの間の大きさを考えよう。

例：大きさの順に並んでいる○の空いている場所に，ちょうどよい大きさの○を書こう。

◇Ⓐは，Ⓑより大きく，Ⓑは，Ⓒより大きい。
さて，Ⓐ，Ⓑ，Ⓒの大きさの順番はどうなるだろう。
◇今日の様子は，昨日と比べてどうだったか？ 明日は，どうなれそうかな？

● 活動の意味 ●
○系列とは，「一定の順序で並べられたまとまり」。真ん中，真ん中より小さい，真ん中より大きいなど，「～より少し…」という順序性で整理する。
○量的（小さい，中，大きい），時間的（さっき，今，これから）（昨日，今日，明日），空間的（前，中，後）（上，中，下）などの順序を考える。
○中間の概念は，前後の文脈の流れにちょうど合う内容を見つけていく。中間の概念がわかると，思考の幅が柔軟になり，理解の幅が生まれる。

● 学び術のポイント ●
□**操作→視覚→論理**のステップで中間概念を理解できるようにしていく。
□３つの中間が理解できるようになったら，項目数を増やしていく。
□「ちょっと○○」「少しだけ○○」など，**微妙な概念**につなげていく。
□実際の生活において，「できる―できない」「好き―嫌い」という２極対立的なとらえ方から，「ちょっとずつできるようになる」「～すれば，少し好きになるかも…」など，**中間的な変化を理解**できるようにしていく。
□生活の中で，中間的な概念のことばかけをする。**体験と言語**をつなげて考える。例：「今日は，昨日より～だね。明日は，もっと～になれるかな…」

> 真ん中がわかることは，微妙（ファジー）な関係性を理解する始まり。微妙な関係を読み取る力は，周りの状況をくわしく考える力につながる。

73 属性（仲間集め）

● 課題内容／基本バージョン ●

◇同じ属性のことばを集めてみよう。

例：学校の勉強に使うものには，どんなものがあるかな？

　　時間を表すことばには，どんなものがあるかな？

属性例：動物，色，形，気持ち，動き，様子を表すことば，指示語など。

◇仲間でないものを選ぼう。例：うさぎ，ぞう，にわとり，ライオン。

◇仲間のものを1つ増やそう。例：うさぎ，ぞう，とら，他には□。

● バージョン2 ●

◇2つの属性に気をつけて表を完成してみよう。図例は，①数とものの属性。他には，②主語と述語。縦を主語，横を述語にして，「△が□をしている」のカードを弁別する。③色と形の2つの属性。など

● 活動の意味 ●

○ものに備わっている性質や特徴の共通性（属性）を考える。共通性を見つける力は，概念を整理する力に役立っていく。例えば，図のようにものと数で一覧表を作る場合，2つの条件（もの，数）のうち，あえて数だけの属性で整理すると，「数」という概念をより際立たせて考えることができる。

● 学び術のポイント ●

□バージョン2の表を作るとき，縦，横の属性に注目して考えられるように，片方の条件をマスキング（目隠し）すると，目標の属性に注目して考えられる。その上で，「〜な…」と2つ以上の属性を関連づけてとらえられるようにしていく。理解度に応じて，属性の項目数を増やしていく。

 属性を整理できる力は，概念を考えることの始まり。

74 筆算，計算の手順

● 課題内容／基本バージョン ●
◇7＋8，14－8，72－36など，手順を考えながら計算しよう。

● 活動の意味 ●
○7＋8の計算手順。①7はあと3で10 ②8をⒶ3とⒷ5に分ける。③7＋Ⓐ＝10 ④10＋Ⓑ＝Ⓒ

```
7＋8＝Ⓒ
  ↙↘
  Ⓐ Ⓑ
```

○14－8の計算手順。①4から8は引けない。 ②14を，Ⓐ10とⒷ4に分ける。 ③10－8＝Ⓒ ④Ⓑ＋Ⓒ＝Ⓓ。（4＋2＝6）

```
14－8＝Ⓓ
  ↙↘↘
  Ⓐ Ⓑ Ⓒ
```

○72－36の筆算の場合，①一の位の比較（くり下がりがあるかどうか） ②10－6＝4の計算（答えを記憶） ③4＋2の計算（一の位の計算） ④6－3の計算（十の位の計算）

○計算には，いくつかの手順があり，手順通りに処理し，答えを求めていく。手順を理解していないと，計算の途中で迷ってしまう。計算の学習を通じて，手順記憶や手順通りに処理していく力を育てていく。

● 学び術のポイント ●
□初期には，タイルなどの**具体物の操作**から数量の扱いの意味を理解する。
□計算の手順をわかりやすくした**ワークシート**を使う。計算の手順がわかってきたら，ワークシートを使わなくても，自分の力で手順通りに計算できるようにする。最後は，頭の中だけで計算の手順を進めていく。
□手順を**アルゴリズム**的に言語化し，**記憶**する。
□手順の思考を支える「**合いの手ことば**」をかける。
□順番をわかりやすく表示する（**色**で表す。**番号**で表す）。
□計算に習熟してくると，手順という意識はなくなってくる。

> 計算には手順があり，手順通りに処理する力や意味の理解が必要。計算の力を高めて，手順に合わせた実行機能を高めていこう。

8章 思考を育てる学習課題＆学び術

75 時刻と時間

● 課題内容／基本バージョン ●

◇家を出たのは，何時何分かな？
◇学校についたのは，何時何分かな？
◇家から学校まで，何分間かかるかな？

● バージョン2 ●

◇時計の長い針が1目盛り動くと，何分たつかな？
時計の長い針が1周すると，何分たつかな？

● バージョン3 ●

①1時間は，何分かな？（同様に，○時間□分は，何分かな？）
②90分は，何時間何分かな？（同様に，○分は何時間何分かな？）
③（時計を見ながら）○時△分まで，あと何分かな？
④○時△分と◇時□分を数直線の上に印をつけよう。
　○時△分から◇時□分の間に色を塗ろう。その間は，何分間かな？
⑤学校を9時20分に出て，公園に10時10分に着いた。学校から公園までかかった時間は何分間かな？

● 活動の意味 ●

○時刻は，時の瞬間の1点を示し，時間は，時刻のある点からある点までの経過の長さを示す。発達障害のある子は，この「時刻」と「時間」の違いを理解するのに苦労することがある。時間の1点と時間の経過の長さ（時間の幅）という，子どもにとって微妙な概念の違いをていねいに学習する。

● 学び術のポイント ●

□模型の時計の**操作**…模型の時計を使い，時刻に針を合わせる。指定された時間から針を動かす。操作を通じて，時刻と時間の違いを理解する。

□ **視覚的な比較**…針が書いていない時計に，①指定された時刻を書き込む。②比較する２つの時刻の点から点までの時の経過の長さ（幅）に色を塗る。色の範囲（幅）が時間という概念だと学習する。２つの点の間を，数直線で表し，時間の幅を視覚的にとらえていく。

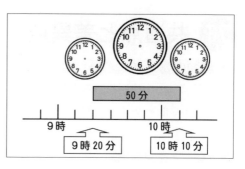

□ **色で理解**…時計に時刻を表す点と，時間を表す幅の色を変えて表示する。色の違いで，時刻と時間の違いを視覚的に理解する。

□ **１目盛りの単位感覚**…アナログ時計を使い，時刻の移動を色で表し，時間の量を視覚的にとらえやすくする。短い針の１目盛り，〜目盛り，長い針の１目盛り，〜目盛り，それぞれが何分間なのかを視覚と量でわかるようにする。

□ **数直線**…時間の流れを数直線で表し，↑を時刻，その間の経過の幅が時間ととらえていけるようにする。時刻と時間の違いを数直線上で色を変える。

□ **実体験の感覚**…「１分間，目をつぶってみよう」「給食の始まる時刻は？　終わる時刻は？　食べている時間は何分間？」「休み時間は，何分間？」など実体験の感覚と合わせて，時刻と時間の違いを理解できるようにする。

□ **ドリルのステップ化**…バージョン２，３のように，時間の概念をステップ化し学習していく。その際，同じ内容（レベル）の問題でも，子どもの理解の状況に合わせて，①時計を操作しながら　②時計を見ながら　③時計の図に書きながら　④ことばだけで　などのステップをつける。

□ **ちょっと難しい問題**…例：２時30分より50分前の時刻は，何時何分かな？
例：２時30分から３時27分までの時間は？　など，時間のくり上げ，くり下げのある問題に挑戦する。

「時刻と時間」の違いを学習していくことは，生活に役立つだけでなく，似ている概念を理解していく術を身に付けていくことにつながる。

76 共通点と差異点

● 課題内容／基本バージョン ●
◇○○と△△の同じところと違うところを思いつくだけあげてみよう。
例１：ボールとタイヤ　例２：スイカとトマト　例３：自動車と飛行機
例４：お手伝いと仕事　例５：喜びと悲しみ

● バージョン２ ●
◇今日と昨日の勉強の同じところはどこかな？　違うところはどこかな？

● バージョン３ ●
◇説明文の内容について，共通点と差異点に注目し，整理してみよう。

● バージョン４ ●
◇友だちの考えと自分の考えの共通するところ，違うところを見つけよう。
また，違いが生まれた訳を考えてみよう。

● 活動の意味 ●
○物事の共通点と差異点を同時に理解できる力は，それぞれの特徴を正確に把握する上で大事になっていく。論理的に比較・検討する力の始まりといえる。
○今までの学習内容の流れに沿って，今の学習の共通点と差異点を考えることで，「今の学習のポイント」をより深くとらえていくことができる。
○自分の考えと友だちの考えの共通点と差異点がわかってくると，より深く意見を交換することができる。

● 学び術のポイント ●
□共通点に黄色，差異点を青など，ポイントに色分けの印をつける。
□表にして，共通点と差異点を整理する。キーワードを見つける。
□友だちの考えを聞いて，深く，幅広く考えていく手がかりにしていく。

共通点と差異点を両方同時にわかってくると，理解と思考の幅がぐーんと広がっていく。論理的な思考を高めていくことにもつながる。

77 お金はいくら？

● 課題内容／基本バージョン ●
◇財布の中にお金は、いくら入っているかな？

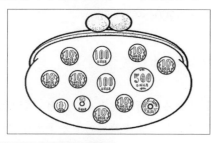 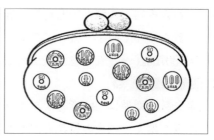

● バージョン２ ●
◇財布の中に、硬貨が５枚入っている。100円、50円、10円の３種類の硬貨だ。この条件を満たすとき、

①財布の金額が一番大きくなるのは、何円入っている場合かな？

②財布の金額が260円のとき、それぞれの硬貨は何枚入っているかな？

● 活動の意味 ●
○基本バージョンの課題では、５〜６種類の硬貨のお金の計算をするためには、注意力とワーキングメモリーの力が必要になってくる。バージョン２の課題では、いくつかの答えを試行錯誤したり、柔軟な思考が求められる。発達障害のある子にとっては、注意力、ワーキングメモリー、柔軟な思考は、苦手なことも多い。この課題では、視覚的なイメージを頼りにしながら思考できるので、問題の難易度を工夫することで、これらの力のエクササイズとして取り組める。

● 学び術のポイント ●
□問題文だけで、理解が難しいときには、実際の硬貨を操作しながら、試行錯誤して答えを考えていく（硬貨をわかりやすいように整理して考える）。

> ３〜６種類の情報を同時に把握し、計算する課題。いくつかの情報をとらえる注意力やワーキングメモリーの力をアップしていこう。

78 大きな数

● 課題内容／基本バージョン ●

◇次の数を数字で書いてみよう。
例：二兆六千四十八億九千七百三万五百→（2604897030500）
◇次の数を読んで漢字で書いてみよう。
例：5043070920→（五十億四千三百七万九百二十）

● 活動の意味 ●

○大きな数の変換は，注意力がポイントになる。桁が大きくなると，変換する情報量が増え，注意の持続力が問われてくる。発達障害のある子の中には，一つ一つの作業をていねいに処理することをめんどうくさく感じてしまう子もいる。大きな数の変換は，注意持続のエクササイズという面もある。
○「0」がくる位のところでは，数字の扱いに細かい注意力が必要とされる。
○大きな数は，兆，億，万と桁ごとのまとまりをとらえる課題。大きな数は，4年生で学習する。4年生の国語では，段落のまとまりを考える課題がある。いくつかの情報を1つのまとまりとしてとらえる力を育てていく。

● 学び術のポイント ●

□問題解決の手順を覚える。覚えることが難しい場合は，手順表を手元に置いて，手順表を見ながら処理し，問題解決のための手順に慣れていく。
　①数字を桁ごとに分ける。（万，億，兆）　②桁ごとの数字を変換する。
　③桁ごとに分かれたマス目に書く。初期においては，桁のマス目に書き入れていくが，徐々に自分の意識の中の「桁のマス」に書いていく。
　④振り返って，変換した数字を読み直す。
□桁ごとのまとまりで数字の色を変え，桁を視覚的にとらえやすくする。
□情報量が多すぎると注意が拡散しやすい子には，大事な情報だけに注意がいくように，他の情報（数字）を隠す（マスキング）。

> 大きな数の学習は，情報を一つ一つていねいに変換する力が試される。

79 手順（作図）

● 課題内容／基本バージョン ●

◇いろいろな図形を手順に沿って，描いてみよう。

※作図の学習には，いろいろな三角形，いろいろな四角形，垂直，平行，指定された角度，合同な図形などの学習がある。

● 活動の意味 ●

○作図の手順を理解することは，情報を継次的（時間の流れで情報を整理する）に処理する力とつながっている。

○定規で線を引く，コンパスの使用，分度器の使用，長さを正確に測るなど，ていねいな活動ができないと，目的通りの図が描けなくなってしまう。作図をすることで，ていねいに活動することの意識を高めることができる。

○図を描く上での，「頂点の位置，辺の長さ，角度」などの意味と条件を正確にとらえ，再現していく力を育てていく。

● 学び術のポイント ●

□継次的に情報処理できるように，頭の中でシミュレーションする。

□作業手順のカードを作り，作業の順序性で並び替えをする。見本を見ながら並び替え，記憶で並び替え，意味を考えながら，1人で並び替えなどの方法を使って，継次的な処理の感覚をつかんでいく。例：三角形を描く。

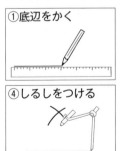

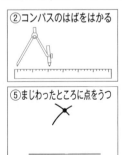

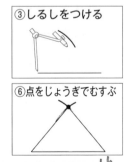

作図の課題は，手順に沿った（継次的な）作業の練習になる。

80 数直線（数量の視覚化，目盛りの読み方）

● 課題内容／基本バージョン ●

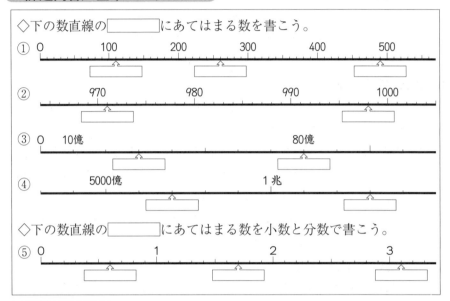

● 活動の意味 ●

○数直線にすると，数量の大きさを視覚的に感じることができる。
○1目盛りの意味を図から読み取るためには，注意力（前後の目盛りの位置を正確に深く読み取る）と論理力（つながりを読み取る）が問われてくる。

● 学び術のポイント ●

□ものさしなどを使って，一定の目盛りで数量を感じられるようにする。
□基準となる手がかりの数値に印をつけ，目盛りを読み取って書き入れる。
□1目盛りの値を考える手順をわかりやすく明示し，解法の手順を覚えていく（△と○の間に，10の目盛りがあるから，1目盛りは…。1目盛りが…だから，求める目盛りは，その〜分だから，□になる）。

> 数直線の値を読み解く活動から，注意力，論理力，数量の感覚が育っていく。

81 角度（分度器）

● 課題内容／基本バージョン ●
◇あとⓘの角度は何度かな？
◇指定された角度を読み取る。
◇指定された角度を描く。

● 活動の意味 ●
○分度器で角度を測るためには，最初に，分度器の中心を頂点に合わせる。0の線を調べたい辺に合わせる。この作業のためには，細かい作業能力（分度器の扱い，目と手の協応・器用さ，向き・空間認知）が必要とされる。

○目盛りを読むときにも，1目盛りの大きさが細かいため，注意力が必要になってくる。また，度の単位の小さい○をていねいに書く力も欠かせない。

○角度の読み取りでは，内側の目盛りを見るのか，外側の目盛りを見るのか，間違いやすい。図の意味を正確に把握して，目盛りを読み取る。角

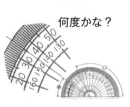

何度かな？

何度かな？

度の意味を正しくとらえていくことが求められる。

○角度を描く問題では，正確に点を打つこと，頂点と点を結ぶなどのていねいな作業能力が求められる。

● 学び術のポイント ●
□角度を測る学習では，①頂点と中心合わせ　②辺合わせ　③目盛り　④度の単位を書く，という作業手順を理解していく。

□操作の前に，図と言語での説明，実際の操作をモデルで見る，手順カードにして一つ一つの手順を整理する，頭の中でシミュレーションするなどの学習段階を踏まえていく。

角度を測る・描く学習で，考える力と実行機能の力をアップしよう。

82 余りのあるわり算

● 課題内容／基本バージョン ●

◇シールが35枚ある。1人に4枚ずつ分けると，何人に分けられて，何枚余るかな？

◇子どもが35人いる。4人まで座ることができる長いすに座っていく。みんなが座るには，この長いすはいくつあればよいかな？

◇幅が35cmの棚に，厚さ4cmの本を立てていく。本は何冊立てられるかな？

● 活動の意味 ●

○この問題は，数値は同じなので，計算の式は，$\boxed{35 \div 4 = 8 \ \ 余り3}$ となる。しかし，余りの扱い方がそれぞれ違う。発達障害のある子の中には，問題をパターン的に処理してしまう子がおり，数値が同じで計算が同じなのに，余りの扱いの違いがあることを理解するのに，苦労する子がいる。問題文の内容によって余りの扱い方の違いを理解できる力は，状況（問題の文脈）を柔軟に思考していく力を培っていく。

● 学び術のポイント ●

☐問題の意味をタイルなどで**操作**して確かめる。

☐問題の意味を**図式化**する。

☐操作や図式化を通じて，問題の状況を**イメージする力**を支えていく。問題文の状況をイメージできる力が，柔軟な思考につながっていく。

☐繰り返し**類似問題**を行い，余りの扱い方の違いの意味を理解していく。

☐文脈を読み取って，余りの扱い方を正確に処理できるようにしていく。

☐学習した内容を確かめるために，類似問題に取り組む。類似問題には，理解を進めるための時と理解を定着するための時がある。

問題文の内容によって，答え方が変わるのを理解するのは，大変。でも，それを乗り越えると，状況に合った柔軟な思考のアップになる。

83 四則計算の順序

◉ 課題内容／基本バージョン ◉
◇次の問題を計算しよう。

$\boxed{100-50\div 2\times 3+8}$

◉ 活動の意味 ◉
○この問題を見たとき，**衝動性**の強い子は，「100−50，なんて簡単！」と自分の目につくところから始めてしまう。
○数字と記号が多くなると，問題をノートに写すとき，**書き間違え**てしまう。
○手順が多いため，計算しているうちに途中の答えを忘れてしまったり，どこを計算していたかわからなくなる（**ワーキングメモリー**）。
○いくつかの計算をメモや余白を使って計算できない（**余白の使い方**）。
○四則計算の決まりに沿って，正確にプランニングする思考（**内面的思考**）。
○長い計算手順を最後まで集中して答えを出す（**集中とその持続**）。
○みんなができて，自分が遅れたりすると，**気持ち**が不安定になる。
○答えをていねいに書く（**落ち着いた所作**）。
○答えが合っているのかを見直す（**行動の振り返り，行動調整**）。
　この1問を解くためには，これだけの力が求められている。

◉ 学び術のポイント ◉
□手順が少ない問題から始め，少しずつ手順を増やす（**スモールステップ**）。
□四則計算の決まりを見える場所に置く（決まりの**理解**と**残る指示**）。
□計算手順に番号をつける，色つきアンダーラインを引く（**手順の視覚化**）。
□計算手順をことばで説明（**言語化**）し，手順をプランニングしていく。
□つまずきそうになったら，思考を整理する「**合いの手ことば**」を言う。
□手順をわかりやすくする**枠**を作り，手順を**体験**しながら理解していく。
□**類似問題**に取り組む。

> 思わず目についた順序ではなく，ルールに合った順序に切り換えて計算する力は，衝動性をコントロールする力のアップにつながる。

8章　思考を育てる学習課題&学び術

84 1つの式

● 課題内容／基本バージョン ●

◇次の問題を解くための式を1つで表そう（文→式）。

① 1個90円のケーキを4個と，1本65円の牛乳を1本買う。
② 1個90円のケーキと1本65円の牛乳をセットにし，5セット買う。
③ 90円のケーキを1個と，1本65円の牛乳を6本買う。
④ 90円のケーキを6個と，1本65円の牛乳を4本買う。

● バージョン2 ●

◇次の式が答えになるような問題文を考えよう（式→文）。

① 90×4+65　　② (90+65)×5
③ 90+65×6　　④ 90×6+65×4

● バージョン3 ●

◇次の式に合う問題を，それぞれ選ぼう（式→文／選択）。

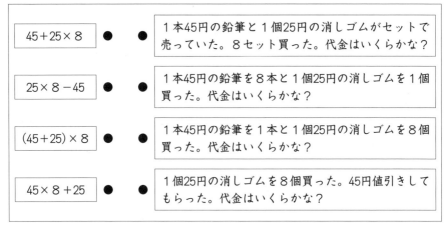

● 活動の意味 ●

○**式の文脈を言語化する学習**…文章題では，具体的な事象を言語化（文章）したことを式に変換していく。文→式，式→文，文→具体的事象のつながりをいろいろと学習することで，数式の意味を理解していく。

○**2つ以上の事象を1つの式にする**のは，2つの文脈の違いを理解しつつ，それをまとめる思考が必要になる。
○1つの式に表す活動は，2つの事象の関係性を考えて，1つにまとめて考える力を育てていく。この思考ができるようになると，国語の**要約**や**段落のつながり**を思考する力にもつながっていく。

● 学び術のポイント ●

□**キーワードの記入**…数値を記号で表し，式の特徴をとらえやすくする。
　例：1個□円のケーキを△個と，1本○円の牛乳を◇本買う。
　　　　　□×△＋○×◇
　　　1個□円のケーキと1本○円の牛乳をセットにして，△セット買う。
　　　　　(□＋○)×△
　　初期の段階では，記号に数値を入れて式にしていくことに慣れていく。
□**問題の平易化**…数値を簡単にし，なるべく直観的にとらえやすくする。
□文の意味を具体的な絵カードにし，式を**視覚化**してわかりやすくする。
□**絵カードと問題文の対応**…問題に出てくるものの絵カードを作り，それを実際に式の意味に照らして操作して，文の意味を理解していく。絵カードと問題文を対応（マッチング学習）できるようにしていく。
□問題文と式が対応する箇所を**ラインマーカーで色づけ**し，文と式の関係をとらえやすくする。
□**かっこ（ ）**を使う**類似問題**を行い，（ ）を使う式の感覚をつかんでいく。
□学習の初期には，選択方式で学習し，問題を思考する感覚をつかんでいく。
　学習のステップとしては，①選択（バージョン3）→②文から式（基本）→③式から問題づくり（バージョン2）と進むことが多い。
□**残る手がかり**…四則計算の意味や計算の順序性を学習した後，学習のポイントをわかりやすく表示し，わからなくなったら確認できるところに置いておく。

2つ以上の関係を1つの数式にする力は，手順，概念，数式の文脈を理解するなど，複合的な力のアップになっていく。

85 工夫して計算してみよう

● 課題内容／基本バージョン ●
◇次の問題を「工夫」して計算してみよう。
　①6.2×4×2.5　　　②3.7×2.9+6.3×2.9
　③16.2×3　　　　　④9.8×4

● 活動の意味 ●
○発達障害のある子の中には，1つの考え方や解き方に固執してしまう子がいる。この課題は，柔軟に考えていくよい機会となる。また，試行錯誤ができずに，ただ計算すればいいとストレート（直線的な思考）に対応してしまう子もいる。もっと便利な方法（工夫）を思考できるようになることで，行動や判断に柔軟性をもたせることができる。
○「工夫」の意味を考えていく。日常生活の中でも，「工夫」という処理の仕方を考えることに広がっていく。発達障害のある子は，パターン的に処理してしまうことが多いので，バリエーションを考え，工夫をしながら問題解決することへのエクササイズ的な課題になる。

● 学び術のポイント ●
□計算（等式）の決まりを手がかりに問題解決の糸口を見つけていく。
　例：②の問題では，(3.7+6.3)×2.9と工夫していく。
□「×10」を作ると計算が楽になる考えから，「10」を作る場所や方法を見つけていく。例：④の問題では，(10-0.2)×4に変換すること。
□「工夫」すると計算が楽になり，暗算しやすくなることを実感していく。
□「工夫」の仕方や手順を言語化して，次に活かせるようにしていく。
□似ているものを1つにまとめる，まとめることでわかりやすくなる，という感覚を意識化していく。

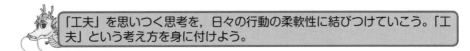
「工夫」を思いつく思考を，日々の行動の柔軟性に結びつけていこう。「工夫」という考え方を身に付けよう。

86 割合と単位量

● 課題内容／基本バージョン ●
①1000円の消費税は，いくらかな？（8％として）
②1000円の20％引きの品物は，いくらかな？
③20％引きしたら，800円になった。元の値段は，いくらかな？
④1000円を800円で売ったら，何割引きになるかな？

● 活動の意味 ●
○問題文の関係性（割合）を読み取っていく問題。「もとにする量」と「比べられる量」の関係の理解に難しさを感じる子も多い。直観的な判断では難しく感じてしまい（目に見える具体的な姿に置き換えづらい内容），算数が嫌いになり始める問題でもある。
○単位量の感覚をつかんでいくことで，類似した論理の問題理解につなげていく。

● 学び術のポイント ●
□代表的な問題を選び，問題のパターンを把握して，解き方を覚えていく。
□〜％引き，割引き，消費税などのことばの使い方に慣れる。わかりづらいことばを一覧表にし，その違いを理解できるようにしていく。
□「もとにする量」「比べられる量」「割合」の関係性が把握できるように，問題文に違う色でラインを引く。
□問題の数値をわかりやすい数字に置き換え，関係を把握しやすくする。
□関係性をとらえやすくするために，図式や表にする。
□公式をわかりやすい簡単な形にする。覚えやすいキーワードの公式にする。

例：　「く（比べられる量），も（もとにする量），わ（割合）」の関係を図にして，単純化して覚える（縦は÷，横は×）。

> 割合，単位量などを理解するのは難しい。でも，算数的な思考のための大事な学習。学び術の工夫をして，乗り越えていこう。

87 ふしぎな箱

● 課題内容／基本バージョン ●

形の変化問題　□ ⇒ Ⓐ ⇒ □
四角形が箱Ⓐを通ると，正方形になった。
さて，箱Ⓐには，どのようなきまりがあるかな？

他の例：四角形⇒台形
　　　　四角形⇒平行四辺形
　　　　四角形⇒ひし型

概数問題　28900➡ □ ➡29000　　33461➡ □ ➡33000
さて，□ には，どのようなきまりがあるかな？　39571を入れたらどうなるかな？（解答例：百の位を四捨五入し，40000になる）

消費税問題　1000➡ □ ➡1080　　10000➡ □ ➡10800
さて，□ には，どのようなきまりがあるかな？　30000を入れたらどうなるかな？

● 活動の意味 ●

○入口と出口の変化から，変化の関係性（文脈）を推理する。結果と始まりから関係性を推理していくこと（可逆の思考）ができるようになると，学習内容の特徴を整理できる力になっていく。可逆の思考で関係性を推理できる力は，因果関係など論理で思考できる力にもなっていく。

● 学び術のポイント ●

□直観的に**わかりやすい数値や事象**にし，関係性の類推を考えやすくする。
□**答えを選択性**にする。解き方を考えることが難しい場合も，選んだ解答が「正解か」「正解でないか」と当てはめて考えていくことで，答えを出す。
□定型的な推論する文（**フォーマットされたモデル文**）を利用する。
　例：最初は，□。結果は，○。〜変わっているから，この箱には，「△」
　　　という働きがあると思う。この箱に，☆を入れたら，◇になると思う。
　　　　□，○，〜，△，☆，◇に内容を入れ，論理展開の感覚に慣れる。

> 可逆の思考をアップし，因果関係を思考できる力をアップしよう。

88 小数のわり算

◎ 課題内容／基本バージョン ◎
◇次の計算をしてみよう。
　①わりきれるまで計算する。例：3.9÷2.6
　②商は一の位まで求めて，余りも出す。例：270÷5.6
　③商は四捨五入して，上から2桁の概数で求める。例：5.7÷3.1

◎ 活動の意味 ◎
○小数のわり算の計算ができるためには，小数の意味の理解，手順の理解，商の見立て，手順に沿って集中して課題遂行，答えをていねいに書く，余白を上手に使う，暗算，途中の試行錯誤，最後の見直しなど，複合的な力が必要になってくる。そのため，発達障害のある子の中で，衝動性が強かったり，実行機能の苦手な子は，解答の途中でできなくなってしまうことがある。この問題を解くことで，これらの力を育てていく。

◎ 学び術のポイント ◎
□問題の理解度，難易度によって，その子に合った**ステップ化**をする。
□商の見立てを書き直すだけでも，イライラしてしまう子には，思考を支える**合いの手ことば**をかけたり，一緒に見守ることで気持ちを支える。
□ていねいに答えを書けるように，**マス目**を書く。
□どこの計算をしているのかわかるように，数字の色を変えたり，他が見えないように**マスキング**する。
□計算手順のキーワードを**アルゴリズム**的に確認する。**手順表を手元**に置く。
　「1 小数点の移動　2 見立て　3 かける　4 ひく　5 おろす　6 小数点の確認（余りのある場合，概数で求める場合，要注意）」
□類似問題に挑戦し，自信を深めていく。

> 小数の計算は，「めんどうくさい」と感じてしまうこともある。ていねいな計算から手順や注意力など，実行機能をアップしよう。

89 算数の文章題

● 課題内容／基本バージョン ●
◇算数の文章題の解き方に慣れよう。

● 活動の意味 ●
○文（言語），絵・図（具体的事象），式（算数的表現）のつながりを意識しながら問題文を理解し，数学的な関係性を式にし計算する。
○問題に必要な数学的な関係性を考える。
例：増える，減る，差，倍，割る，面積，割合，平均，速さなど

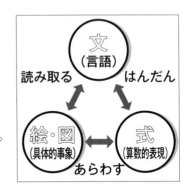

● 学び術のポイント ●
☐問題文を**声に出して読む**，正確に**書き写す**など，問題文をしっかりとらえる。
☐聞かれていること（赤色，または波線），わかっている数値（青色，下線）に印をつけ，問題文の**情報を整理**する。
☐整理した情報から，関係性を把握するための**キーワード**だけを抜き出す。
☐文（言語），絵・図（具体的事象），式（算数的表現）の関係を理解できるようにする。**文⇔絵・図**（意味・文脈の読み取り），**絵・図⇔式**（算数的な理解と表現），**文⇔式**（言語と算数的表現の判断）をそれぞれ意識していく。
☐問題を**図式化**（視覚化）する。対象となる量を線分の長さで表す（線分図）。言語と一緒に**具体物の操作**をする。**数式を言語化**しながら見直す。
☐算数には，**系統性**がある。レディネス的（準備段階，少し前の段階）な問題や理解できる段階まで戻り，理解できる段階から思考を積み上げていく。
☐友だちの答え方，教科書の模範的な答え方などを**モデル**に考えていく。
☐今までの学習の中から，**類似問題を探して**みる。文章題をカルタ化し，問題文と式，問題文と考え方を対応できるようにしていく。

> 算数の文章題は，①文の意味（事象の関係性）を読み取り，②数式（算数的な表現）に表し，③計算する。算数的な思考力をアップしていこう。

90 大事なポイントを整理する力

● 課題内容／基本バージョン ●
◇学習の整理ノートを作ろう（※テンプレートを利用。下記は主な項目例）。
　・タイトル（題材名）　・学習内容のポイント　・基本問題
　・難しかった問題　・気づき（特に，自分の間違いから気づいたこと）
　・確認とアドバイス

● バージョン2 ●
◇学習の始めに，昨日までの学習内容との違いを考える。
◇学習の終わりには，今日の学習内容のポイントを言語化・文字化する。
◇学習内容のポイントを表，ワークシート，カルタなどにまとめる。
◇学習内容を誰かに伝える。

● バージョン3 ●
◇学習内容をカルタ方式で確認する。例：算数公式カルタ，算数文章題カルタ，都道府県カルタ，歴史カルタ，ことわざカルタ，漢字カルタなど。

● 活動の意味 ●
○学習内容のポイントを整理する活動を積み重ねることで，学習内容の流れを意識し，正確に理解できる力が育っていく。学習を整理していく活動を通じ，自分の活動を振り返る力が育ち，自我の成長にもつながっていく。

● 学び術のポイント ●
□**テンプレート**を利用し，学習内容を整理する。毎回，同じ視点（項目）で振り返り，ポイントをまとめやすくなる。学習内容を整理する力がついてくると，まとめ方を意識しながら学習を進められるようになる。
□問いと情報を対応させたカードに整理し，繰り返し学習する。
□誰かに**話す**ことで整理する機会となり，整理の内容を客観化できる。

学習内容のポイントの整理ができると，学習の流れ，記憶しておくべき内容，情報の整理，次の学習の発展などを考えやすくなる。

8章　思考を育てる学習課題&学び術　117

91 ワークシートの作り方

● 課題内容／基本バージョン ●
◇ワークシートを活用し、授業への参加度アップ、思考力アップを目指そう！

● 活動の意味 ●
○発達障害のある子にとって、1時間の学習内容が1枚のワークシートにまとめられていると、何を学習したのかを理解しやすく、記憶に残りやすく、学習内容、思考、問題解決の方策の整理につながりやすい。ワークシートの工夫によって、子どもたちの活動参加や学習成果に違いが生まれる。
○ワークシートは、授業の補完、学習内容のリード、子どもの思考の支えや手がかり、学習のまとめ（証）となっていく。
○衝動性の強い子にとって、ワークシートを媒介にした活動があると、みんなと同じペースで授業に参加しやすくなる。
○自由性の高いノートと違って、活動の見通しがもてるワークシートがあると授業や活動に参加できる子が多い。

● 学び術のポイント ●
□ワークシートは、活用のタイミングや目的によって、作り方を変える。
□授業の流れに沿って、**リアルタイム**で記入していく。
□学習内容の整理のために、学習の後半に**まとめ**的に使う。
□**思考**を促したり、**情報を整理**するために使う。
□活動や理解の状況を把握したり、**振り返る**ために使う。
□グループで学習するとき、互いの思いを**伝え合う**ために使う。
□学習の始めや迷ったときに**活用**する。過去のワークシートを活用し、役立ち感をあえて演出していく。
□ワークシートを作成する場合には、次のような工夫をする。
　・活動の**量**の工夫。記入の量、問題数など、子どもが参加しやすい量にする。場合によっては、ちょっとがんばればできそうな量にする。
　・活動の**難易度**の工夫。ワークシートの難易度は、課題内容によっても変

わるが，その作り方によっても変わる。次のような形式を工夫することで，子どもに合った難易度にする。例：書き写し型，選択型，整理型，穴（空欄）埋め型，キーワード記入型，キーセンテンス記入型，要旨記入型，思考記述型，結果記入型，学習プロセス記入型，思考プロセス記入型，友だちの意見や考え記入型，参考資料・データからの記入型など。

・自分で答えを作り出すことが難しい子でも，**答え方の例示（選択肢）**が出されると，答え方，考え方が見えてくる子もいる。与えられた答えが正解かどうかを判断し，選択できる子もいる。「どんな？」など抽象的な質問だと思考できないタイプの子でも，いくつかの例示をあげて，考え方の手がかりがあれば，答えられる場合もある。「例えば，〜とか，〜とかあるけど，他にはどうかな？」。
・思考を**誘導（リード）**していく。ワークシートの流れやことばが，思考と学習のまとめの**手がかり**になる。
・ワーキングメモリーの補完型。注意書きのポイントを書いて**手元に置く**。
・活動の**手順を図式化**し，手元に置いて活動の手順を見ながら活動できる。どんな活動をすればよいか，パッと見てわかりやすくする。
・学習進度に応じて，プリント内容を**選べる**ようにする。
・反復練習（**ドリル的**）のために使う。
・ワークシートのゴール（完成）の姿をわかりやすくする。
・作ったワークシートの整理を工夫する。ワークシートをなくさないように，一時保管ファイルや場所を作り，後でゆっくり目的に応じて整理する。
・ワークシートのレイアウトを教科や活動内容によって，決まった形式にすることで，ワークシートの活動を**パターン**的に見通せるようにする。
・**マス目や枠**で書きやすくする。黒板とリンクしたワークシートにする。
・場合によっては，解答や**モデル**を見ながら記入できようにする。
・子どもの気づき，思考を表現し，**交流**できるようにする。
・衝動性の強い子の場合，ワークシートに**記入してから発言**するようにしていくことで，行動調整につなげる。

92 ていねいな話し方（敬語）

● 課題内容／基本バージョン ●

◇尊敬語，謙譲語，ていねい語に直してみよう。

例：ぼくは，運動クラブに入っている。→ていねいな言い方に直してみよう。

　　・校長先生は，ぼくたちが登校するとき，いつも校門のところにいる。

　　　→「いる」を尊敬することばに直してみよう。

　　・先生が話す。→尊敬語に直してみよう。

◇次の言葉を尊敬語と謙譲語に直してみよう。

例：言う→（おっしゃる）（申す）　来る→（いらっしゃる）（参る）

　　見る→（ご覧になる）（拝見する）

◇いろいろな場面で使う，ていねいなことばの使い方を学ぼう。

　　・日常のコミュニケーションでの応対。来客，電話，見知らぬ人との応対。あらたまった場所に出入りするとき。発表や多くの人にお知らせするとき。いろいろな場面でのていねいな応対のスキル（モデルやフォーマット）を学んでいく。

● 活動の意味 ●

○発達障害のある子の中には，ていねいな話し方ができずに，言動が雑に見えてしまい，誤解を受けてしまうことがある。

　ていねいな話し方ができない背景として，

　　・視点の変化や立場の状況の理解ができない。

　　・相手の立場になって考えることが苦手。

　　・場面や状況に応じて，言動を使い分けるのが苦手。

などの「できにくさ」がある。その上で，

　　・きちんと学習していない。

　　・学習の動機が生まれない，などの理由が考えられる。

○ていねいな話し方を身に付けることは，気持ちのよいコミュニケーションができるだけでなく，「場面，状況，相手に応じて行動できる力・相手の立

場や視点への理解・ていねいな所作」などの力が育つきっかけになるので，成長のターニングポイントとして，大事な課題である。
〇ていねいに言動できる力が気持ちを育て，気持ちの育ちが言動を育てる。

● **学び術のポイント** ●

□場面による話し方のフォーマットを学ぶ。
　・あいさつ　・先生への質問の仕方
　・先生や目上の方への話しかけ方
　・職員室の出入り　・発表の機会
　・係の活動を通し，繰り返し学ぶ
　・来客　電話　応対

□ていねいなことばを使う場面に，ていねいなことばの**使い方の例**を貼っておく。求められるスキルを一度確認してから，行動できるようにする。
　例：職員室の出入り口に，出入りの際のことばの使い方の例を貼る。
□最初の段階では，**限定された場所**や機会（場面）から使い始め，少しずつていねいなことばを使う場面を広げていく。
□**ドリル**で学び，日常の生活で使える力へとつなげていく。
□ていねいなことばの使い方を整理した**ファイル**を作り，学習内容を何度も見返すようにする。
□ていねいな話し方とそうでない話し方を比べて考える。
□**ロールプレイ**（先生役と子ども役）で，敬語の使い方を確認する。
□よいコミュニケーションができたときの振り返り。**気持ちのいい感じが生まれたときの意識化**を図る。「〜ができたときは，〜だね」
□「いい感じがするね」「気持ちいいね」「ありがとう」など，自分のていねいな言動が認められることで，**使う喜びや自信**が生まれてくる。

> 周りの状況や相手との関係性に応じたていねいな話し方ができると，気持ちのよいコミュニケーションが生まれる。話し方の社会性をアップ。

93 柔軟な思考を育てる

● 課題内容／基本バージョン ●

◇お話や説明文を読んでいるとき，あえて途中でストップし，続きを考えながら読んでみよう。自分と友だちの推理，作品の展開を比べてみよう。

◇友だちの意見と自分の考えを比べてみよう（相手の考えの要旨や意図。自分の考えとの共通点と差異点。自分の考えを他者視点でとらえ直す）。

● 活動の意味 ●

○発達障害のある子の中には，パターン的に思考し，過去の記憶だけで対応してしまう子がいる。状況や条件をその都度判断することを苦手としている。よりよい結果のためには，状況や条件に応じた柔軟な思考が大切になる。柔軟に思考するためには，視点の柔軟性，試行錯誤の力，条件によって結果を考え直す力，答えを直す訳を考える力，論理展開の力，他者の意見を聞き，自分の考えと比較する力，自分を振り返り，間違いを見つける力などを育てていく。「〜の場合は，〜だったから，〜だとすれば，〜かもしれない」と，条件と状況に合った結論を推測できるようにしていく。

● 学び術のポイント ●

□友だちの考えとの**共通点や差異点を整理**しながら，思考の幅を広げていく。

□思考の手がかりとなる**情報，訳をクローズアップ**し，思考しやすくする。

□論理展開をつなぐ「〜の場合は…」「…だから…」「…だとしたら…」などの**合いの手ことば**を入れて，子どもが思考をつないでいくサポートをする。いずれは，子どもの力で論理を展開できるようにしていく。

□結果の**多様性を推測**することを楽しんでいく。

□「聞く力」「書く力」「読む力」「思考する力」などの目指す方向として，常に「柔軟に考える力」を求めていく。

柔軟な考えができるようになると，論理的な思考，情報の理解，他者の理解が豊かになる。柔軟な思考から，行動も変わっていく。

94 意見が対立したときは…

● 課題内容／基本バージョン ●
◇賛成役，反対役，ジャッジ役に分かれて，話し合いをしてみよう。
例：雨の日は，どんな遊びがいいか，話し合ってみよう。

● 活動の意味 ●
○発達障害のある子の中には，自分の考えにこだわってしまう子がいる。相手の意見を受け入れながら，自分の考えを調整できる力を育てていく。
○賛成役，反対役，ジャッジ役に分かれて話し合い，話し合いの方法や互いの立場を理解していくきっかけにする。いろいろな役を交代しながら行う。
○合意形成できる力を育てていく。自分の中に，いろいろな立場を理解できる「心の中のジャッジの力」を育てていく。

● 学び術のポイント ●
☐話し合いの**ルールを明確**にする。
☐話し合いの**スキル**（聞き方，伝え方）を学ぶ。
　例：相手の意見とその理由を聞く。「どうしてそう考えたのですか？」
　　　自分の意見の理由を伝える。「なぜかというと，〜からです。」
　　　理解した内容を伝える。「〜な考えもわかります。」
　　　話し合いの進展を図る。「では，〜したらどうでしょうか」
☐話し合いのスキル（聞き方，伝え方）を**掲示**し，それを見ながら話し合う。
☐話し合いの後に，上手に話し合いができた友だちの様子を**振り返る**。意見が対立しても，どうやって意見を伝え合ったのか，そのよい点を学ぶ。
☐いろいろな**役を体験**し，話し合いの進め方，意見の伝え方，意見の聞き方，合意形成のために必要なこと，結論の出し方などを学ぶ。
☐話し合いの**経過を記録**する。記録を読み直し，今後の話し合いに役立つスキルを見つける。

> 意見が対立しても互いの理解を深め，合意形成できる力をアップしよう。

8章　思考を育てる学習課題&学び術

95 話し合いエクササイズ

● 課題内容／基本バージョン ●
◇クラスのみんなでテーマを決めて，話し合いをしよう。
例：ゲーム集会に，どんなゲームをする？
　　クラスの歌は，どんな歌がいいかな？

● 活動の意味 ●
○よりよい生活のために話し合いができる力を育てていく。
○みんなで話し合うことの大切さやスキルを学んでいく。
○みんなでよりよい生活を作り上げていく体験をする。

● 学び術のポイント ●
□話し合いを進める段階を理解する（アルゴリズム的に体験を積んでいく）。
　①出し合う→②比べ合う→③まとめる→④振り返る
□各段階の話し合いのためのスキルを理解していく。
　①出し合う（聞く，伝え合う）※前項を参照
　・クラスで話し合うときには，テーマとめあてに沿って，**事前に自分の考え**をまとめておくと，参加度をアップできる。話し合いの効率も上がる。
　②比べ合う（互いの意見の理解）
　・互いの意見の内容の**共通点と差異点**を整理する。
　・比べ合う段階では，互いの主張内容だけでなく，**訳を大事**にする。
　・話し合いの**めあて**に沿って，それぞれの考えを整理する。
　③まとめる（折り合い，合意形成）
　・自分の意見を主張するだけではなく，**相手の意見のよさ**や訳を理解して，自分の言動を修正していくことを学ぶ。
　・みんなは，どんな考えがいいと思っているか。
　・どの考えがめあてにより合っているか。
　・自分だけでなく，**みんながよくなる**のは，どの考えか。
　・「みんなもOK！　自分もOK！」など，折り合いをつけるための**クラス**

124

- **の合言葉（基準）**を決めておく。
- **話し合いの台本**（ひな型）を作り，誰もが司会者，記録者を体験できるようにする。いろいろな立場を経験し，意見をまとめるスキルを高める。

④振り返り
- 話し合いの**プロセスを記録**できるテンプレートを作り，記入する。
- **テンプレート**の内容項目（話し合いのテーマ，めあて，最初の自分の考えと訳。友だちの意見と訳。友だちの意見と自分の意見の同じところ，違うところ。話し合いで大事にされたこと。話し合いの中で自分の考えを変えられたところ。話し合いの結果。話し合いで感じたこと。など）。
- 記録をすることで，正確に互いの意見を整理できる。
- 記録を記入し，見ることで，自分の意見との共通点・差異点，訳などを整理し，比べ合うことができる。
- 書く行為があると，自分の考えの変化を落ち着いて考えることができる。
- なぜ自分の考えを変えることができたかを見つけることができる。
- 記録することが難しい場合は，モデルとなる記録を見せてもらう。
- 「折り合い」までの経過を振り返ることで，問題解決の力が育っていく。
  例：互いの意見のよいところを取り入れた。
  　　互いの意見を出し合う中で，もっとよい考えにたどりついた。
  　　相手の意見をきちんと聞き，自分の考えを変えることができた。
  　　最初は迷ったが，訳を考えているうちに，よさがわかってきた。
  　　少数意見でも，話し合うことで理解してくれる人が増えてきた。
  　　友だちがジャッジ役をこなしてくれ，よりよい結果に結びついた。

□話し合いの結果が自分の**生活をよりよく**していくことを意識していく。
- よい話し合いからよりよい生活が生まれることを体験していく。
  その**積み重ね**が，話し合いの原動力になっていく。

> よい話し合いは，よりよい生活を作り出していく。話し合いのスキルアップで，日々のコミュニケーションや生活をアップしていこう。

9章 自我を育てる学習課題&学び術

自我の成長

96 後ろを振り返ろう

● 課題内容／基本バージョン ●
◇自分の生活の所作（行為）を振り返ってみよう。
例：自分が出入りしたドアがきちんと閉まっているか，振り返ってみよう。
◇生活の物編：靴の置き方，持ち物の整理，机の中の整理，プリントの整理。
◇生活の人編：あいさつ，遊び方，話しことばなど。
◇学習活動編：学習の準備，態度，ノート，文字の書き方，いすの片付け。

● 活動の意味 ●
○自分の所作（行為）を振り返る習慣を身に付けていく。自分の所作（行為）が，周りへどんな影響を及ぼしているのか，振り返る目を養っていく。振り返りの力が弱いと，誤った行為を注意されても，注意を受け入れられない。なぜ注意されたのか，わからない。自分の都合ばかりを言ってしまう。「めんどうくさい」と逃げてしまう。気持ちが不安定になってしまう。聞いたふりだけをして，行為を直せない。行動の振り返りは，行動を修正する第一歩になる。怒るのではなく行為を振り返る力を伸ばすことを目指す。

● 学び術のポイント ●
□最初に，**振り返る基準**の約束（ルール）を確認する。
□最初は，**一緒に**振り返る。次に，「後ろを振り返ってごらん」と**ことばか
け**されて振り返る。最後は，**自分の心の声**で「後ろを振り返ってみよう」
と思えるようにしていく。また，振り返る内容を1つずつ増やしていく。
□時には**点数化**して，振り返りの意識づけをしていく。
□チェックの観点と評価の基準を明確にし，ファイルや**記録**用紙に残す。
□振り返りノートをつけて，**自分の変化**を見つめる。

所作を振り返る力は，よりよい行動に切り換えていく始まり。
具体的な自分の行為を見つめ直すことから，明日の自分を探そう。

97 今日の学習は…？

● 課題内容／基本バージョン ●
◇今日（または今週）の学習内容を話してみよう。

● 活動の意味 ●
○学習内容を話すことで，体験（事実）を整理して伝える力を育てていく。
○子どもの話す内容や話し方から，子どもの状況（学習の理解度，困り度，がんばり度）などを把握することができる。
○話を膨らませたり，補ったり，確認したり，リアクションを工夫することで，振り返り方，まとめ方，伝え方の力を高めていく。
○子どもの困っていることがわかることもある。そのときはすぐに対応する。

● 学び術のポイント ●
□**話す観点（ポイント）を明記**し，それに沿って話していく。
　・学習内容で大事だと思ったこと。
　・気持ち（楽しい，上手にできた，もうひとがんばり，悔しいなど）。
　・どうしてその気持ちになったか，その訳。
　・自分が思うようにできなかったこと。困っていること。
　・がんばっていた人やユニークな反応をした人のエピソード。
□状況に応じた聞き方をする。**興味深く聞く**。子どもの**思考とリンク**できるような**合いの手ことば**を入れながら聞く。時には，黙って**じっくり聞く**。
□子どもの話を**テンプレートに記録**しながら聞く。または，子どもが「今日の学習」のテンプレートに記入してから話す。記録化することで，今日の話を，過去，現在，未来の時間軸でとらえていくことができる。
□何かトラブルがあったときには，話を聞いてもらえることや対処してもらうことで，**気持ちの昇華**につながっていく。

> 日常の学習の振り返りは，学習内容の整理としても，振り返りの力を高める上でも，日々（毎週），行うことで大きな効果が期待できる。

98 こんなときどうする？

● 課題内容／基本バージョン ●
◇雨が降っている。傘をさして歩いていた。とても細い道だ。向こうから，同じように傘をさして歩いている友だちが来た。2人で，このまま傘をさして歩くのが難しいくらい細い道。さて，こんなときどうしたらいいかな？

● バージョン2 ●
◇友だちと隣り合っている場所を掃除することになった。掃除の範囲は，どこまでやればいいかな？

● バージョン3 ●
◇ソーシャルスキル絵カードを使って，トラブルになることを未然に防ぐ方法について話し合う。

● バージョン4 ●
◇自分の困っている場面を思い出し，どうしたらよいかを話し合おう。
　例：友だちに，自分が気になることを言われてしまった。
　　　こんなとき，どうすればいいかな？

● 活動の意味 ●
○トラブルにつながりそうな設定の場面で，どういう行動をとれば未然にトラブルを防ぎ，気持ちのよい生活ができるのか，シミュレーションする力を育てる。トラブルにならないようにするためのスキルを学んでいく。
○「こんなときどうすれば…」と考えることで，行動を起こす前に，考えてから行動するという習慣が身に付いていく。
○基本バージョンの答えに「傘かしげ」という方法がある。狭い道で傘をしている人がすれ違うとき，相手に雨水がかからないように傘を傾け，ちょうどよい距離で，互いに気持ちよくすれ違うために，目と目で合図（あいさつ）をしながらすれ違う。

○バージョン２は,「隣の三尺」という気配り。気配りの範囲は, 三尺がちょうどよい。自分の場所を掃除するときは, 境界から三尺（90cmほど）くらいはお隣さんの範囲まで掃除する。しかし, それ以上深入りはしない。やりすぎてしまうと, かえって気を遣わせてしまう。まったくやらないのもいただけない。相手にとって, 負担に感じられない程度の気配りをすることで, 互いに気持ちよく生活することができる。境界線もきれいになる。互いに気持ちのよい距離感を見つけていくことができる。

○自分の行為が, 他者にとって, また互いにとって, どんな影響があるのかを考えられるようにしていく（「私の中の私たち」を豊かにしていく）。
○よい考えを取り入れて, 自分の行動スタイルを改善していく。

● 学び術のポイント ●

□ **自分にとっても, 相手にとってもよい方法**を考える視点を身に付けていく。
□ **ロールプレイ**をしながら, いろいろな方法や他者視点を考える機会にする。
□ いろいろな考え方を話し合うことで, 状況に応じた行動の方法（ソーシャルスキル）を考えられる**柔軟性**を育てていく。
□ 「こんなときどうすればよいのか」ファイルを作り, トラブル回避または, 気持ちのよい生活を送るためのソーシャル**スキルを確認**できるようにする。
□ 実際に起きた場面の中から, 相手のことを考えて行動できたことを認めていく。ソーシャルスキルを高めていくことで, **実際の生活をよりよく過ごせる**ことを実感できるようにする。実際の行動が認められることが, 一番の**原動力**になっていく。

> トラブルが起きる前に, トラブルを未然に防ぐ対処法を学ぼう。
> 生活をよりよくできるスキルについて考えてみよう。

99 モデルは誰だ？

● 課題内容／基本バージョン ●
◇友だちの行動を見て，いいなぁと思ったことを話し合ってみよう。

例：自習の時間，友だちはどんなふうに過ごしていたかな？　友だちの行動を見て，どう思ったかな？　がんばっていた人は，誰？

● バージョン２ ●
◇困っているときに，友だちがどんなふうに助けてくれたかな？　そのとき，どんな気持ちになったかな？

● 活動の意味 ●
○友だちの行動でいいなぁと思うことを見つけ，その行動を自分の中に取り入れていく。どうしていいなぁと感じたのか，その訳を大事にする。いい意味での人のフリ見て我がフリ直せ作戦。

○友だちのよい行動に気づく力は，自分の行動を見直す力につながっていく。よいモデルを見つけることで，自分の行動のあり方を考えることができる。

● 学び術のポイント ●
□生活の所作，学習態度，ことば遣い，他者への対応，係活動，苦手な活動へのがんばりなど，自分の行動と合わせながら，**友だちのよい面を見つける**ようにしていく。

□友だちのよいところを話す機会を作る。自分では気づかなくても，**友だちの気づき**から学んでいく。

□友だちの行動のいいところ探しをまとめる**コーナー**を作る。またはノートを作る。いつでも，何度でも，見直せるようにする。

□他者のよい行動を認められる力は，**自己有用感**を高めていく土台となる。
「～さん，いいなぁ。あんなふうにがんばれたら，いい感じになれるかも…」。

友だち（他者）のよいところを見つけられると，自分の生活もぐーんとよくなっていく。友だちの行動から学ぶ習慣を身に付けよう。

100 自己紹介カード

● 課題内容／基本バージョン ●
◇自己紹介カードを作って，自分のことを知ってもらおう。
　・自己紹介テンプレートの項目
　　　得意，不得意。今学期の目標。今一番楽しいこと。好きなこと。
　　　好きな本。好きなことば。今年，やりたいこと。今年の抱負。
　　　クラスへの約束（貢献度，自分の役割）。自分の夢。
◇今年の目標を漢字一字で表し，その訳を書こう。
◇行事ごとのエピソードや思いを表現しよう。

● 活動の意味 ●
○自己紹介を通じて，自己モニターの力を育てていく。
○友だちの自己紹介カードから，友だちの理解を深めていく。
○目標やがんばりを公表することで，自分の行動のエネルギーにしていく。
○みんなの願いや思いを共有することで，行動のエネルギーを高めていく。

● 学び術のポイント ●
□自己紹介の**テンプレート**を作り，記入しやすくする。
□自分のことを**知ってもらうきっかけ**にする。
□互いに**理解**し，思いを**共有**することで，集団での**安心感**が得られる。
□**自己紹介コーナー**を作り，思いを共有しやすくする。
□自己紹介カードを発表し，本人の**ことば**を聞いて，理解を深めていく。
□**友だちの自己紹介**を見ながら，自分の行動を考えていく。
　「○○さんは〜をがんばるのかぁ。ぼくも，〜をがんばってみよう…」
□自分と**みんなとのつながり**を考えるきっかけにする。

自己紹介カードを通じて，友だちとの一体感を深めていこう。自分を知ってもらい，友だちを知ることで，安心感や目標が見つかっていく。

101 がんばりカード

● 課題内容／基本バージョン ●
◇自分の行動で気になること，直したい行動をがんばりカード（表）に記す。1日ごとにその行動や目標ができたかどうかを振り返ってみよう。

● 活動の意味 ●
○自分のがんばりをカード（表）にして振り返ることで，
- 自分のめあてが具体的になる。「何をがんばる」かがわかりやすくなる。
- がんばりの変化をとらえることで，行動の励みになる。
- がんばりが達成されたとき，がんばりカードを媒介にほめられ，報酬が得られる。また，それを動機に，次回がんばるエネルギーが生まれる。

などのよいことがある。がんばりカードによる振り返りの力が，いずれ行動の自己調整へつながっていくようにする（自我によるコントロール）。

● 学び術のポイント ●
☐ がんばりカードの内容（目標）を決めるときには，**十分に話し合う**。この話し合いから振り返りは始まっている。話し合って決めることで，子どもとの合意のもとで進めることができる。なるべく一方的に決めない。

☐ 初期の振り返りは，**一緒に**行う。慣れてきたら，1人で振り返ることを目指す。**1人で振り返る力**が，自我によるコントロールの土台となっていく。

☐ 振り返りの**基準をわかりやすく**する。基準が，行動の目安になっていく。

☐ 評価を**点数化**する。しかし，評価の点数だけでなく，その**評価の訳**を大事にする。訳の内容が，行動のコントロールの力の土台になっていく。

☐ 一緒にがんばりカードを約束した人，一緒に振り返ってくれる人との**絆**が深ければ深いほどがんばりカードへの意欲にもなり，効果が増してくる。

☐ 最初は報酬がめあてで始めたとしても，徐々に**自己自身の成長や変化**を楽しめるようにしていく。「ぼくって，いい感じ！」を作っていく。

> がんばりカードは，行動の目標，励み，証，エネルギーになっていく。

102 心のブレーキノート

◉ 課題内容／基本バージョン ◉
◇「負の感情」や「衝動性」を抑えきれないとき，心が爆発する前に心の調整のために，「心のブレーキノート」を書いてみよう。

◉ 活動の意味 ◉
○発達障害のある子は，自分では抑えきれないほど強い「負の感情」が生まれ，衝動的に行動してしまうときがある。

この「負の感情」や「衝動性」と向き合い，調整するために，
①いつ・どんなときに，「負の感情」や「衝動性」が生まれやすいのか。
②「負の感情」のまま爆発してしまうと，どうなってしまうのか。
③「負の感情」をどうやって切り換えたらいいのか。
④「負の感情」をプラスに切り換えるために，いつ・どんなふうに「心のブレーキ」をかけたらいいのか。
⑤日頃から，行動や気持ちをどうやって調整していけばよいのか。
⑥「心のブレーキ」をかけることで，その後どんなふうに行動できるのか。
などについて，ノートにまとめ，行動の「事前，直前，進行中，事後」のそれぞれに応じた，感情と行動の調整を図っていく。

◉ 学び術のポイント ◉
□事前に，具体的な場面をいろいろと想定し，自分なりの対策（心のブレーキのかけ方）を考え，感情と行動の調整をしていく。
□「心のブレーキノート」を書く活動を通じ，信頼できる人と話し合ったり，相談したりする。支える人との絆を深くし，調整の力を伸ばしていく。
□「心のブレーキノート」を通して，日々の生活を振り返り，「調整をする自分」を意識化（外在化）し，心と行動の調整の力を伸ばしていく。

「心のブレーキノート」づくりは，「ポジティブにがんばる自我」を見つめ，成長させていく始まりになる。

103 ぼくの通信簿

● 課題内容／基本バージョン ●
◇学期の最後に，学期を振り返って，自分で自分の通信簿をつけてみよう。

● 活動の意味 ●
○自分の行動を振り返る（自己モニター）力を育てていく。
○来学期以降の自分の行動をよりよくするために活かしていく。

● 学び術のポイント ●
□**振り返るポイント**（観点，項目）は，子どもと話し合いながら決める。
　例1：算数，国語，体育など，教科ごとの学習の様子。
　例2：給食，休み時間，掃除，係活動など，生活の様子。
　例3：話を聞く，片付け，文字を書くなど，態度や行動の様子。
　例4：自分が学期の始めや常日頃気をつけている目標からの振り返り。
　・ゲームに負けても怒らない。
　・先生の話のとき，横にいる友だちと話さない。
　・友だちと口げんかをしない。
　・横にいる友だちにちょっかいを出さない。
　・帰りに寄り道をしない。
　・うそをつかない。

□自分で振り返るポイントが見つけられないときは，**自己モニターしやすい項目**をアドバイスしていく。

□自分なりに自分の行動を振り返り，**点数**をつける。点数の値だけでなく，なぜその点数をつけたのか訳を聞く。「62点なんだぁ。どうして…？」。**訳をていねいに聞く**ことで，自分の行動への思いや様子をくわしく知ることができる。そのときの振り返りが今後への力となっていく。

□来学期以降への**願い**や**目標**を聞く。「2学期はどんな感じになれるかな」

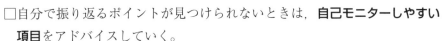
次ももっとがんばろう，という気持ちを支えるような自己評価をしよう。

104 タイムライン（自己モニター）

● **課題内容／基本バージョン** ●

◇友だちとのトラブルをビデオで観ているように振り返ってみよう。

● **活動の意味** ●

○ビデオ（図にする，コマ撮り，視覚化）で観ているように行動を整理し，自己モニター（自分を見つめる）の力をつけていく。トラブルを，タイムライン（時系列）に沿って振り返ることは，子どもにとって苦い体験になる。気持ちの癒しも考えながら，明日の自分に活かせるように振り返る。

● **学び術のポイント** ●

□子どもが話すとき，聞く大人は途中で口をはさまない。途中で「あれっ」と感じることがあっても，最初は，**子どものことばを聞く**。しっかり子どものことばを聞くことで子どもとの信頼が生まれ，子ども自身も，話すことで気持ちのはけ口となっていく。大人にとっても，子どもの事実の把握の具合を知ることができる。時には，子どもの**心的事実**と**客観的事実にズレ**がある場合もあるので，子どもの心的事実を知る意味でも，子どものことばを聞く。特に，事実の背景にある「**本人の訳**」を大事に聞いていく。

□話し忘れていること，話しているうちに気づいたこと，などを質問する。また，落ち着いてきたことで，見えてきたことがあったら確認する。

□振り返りの内容を深めていくときには，周りの友だちの様子，相手の気持ちなど，**他者視点**を取り入れた見方を加えていく。

□聞いた事実をビデオのように整理すると，子どもが**イメージをもちやすい**。

□**聞く側の大人の視点**として，①事実の確認　②因果関係　③本人の気持ちやこだわり　④本人の自己モニター力，自己分析の力　⑤気持ちの変化　⑥心的事実と客観的な事実のズレの様子　⑦今後の行動をプラスに転換していくための手がかり　などを大切に聞いていく。

> 心的事実を受け止めつつ，客観的事実にも目が向くようにしていこう。

105 心のものさし

● 課題内容／基本バージョン ●

◇今、どんな気持ち？ 心のものさしで測ると今の気持ちはどれくらいになるかな？（どのくらいの気持ちの強さなのか、マス目を塗ってみよう）

　　　※心のものさし

【いま、どんなきもち？】

● 活動の意味 ●

○気持ちを振り返るエクササイズ。「悲しみは半分に、喜びは倍に」。ネガティブな気持ちの場合は、その気持ちと上手に付き合うために振り返る。ポジティブな気持ちの場合は、その気持ちを膨らませていくために振り返る。
○ネガティブな気持ちを客観的に判断できるようになると、衝動的な行動を和らげることができる。気持ちの状態に応じて、自分なりの対処法を用意する。次に活かすための未来志向で、今の気持ちと付き合っていく。
○自分を理解してもらうことは、相手を理解することにつながっていく。

● 学び術のポイント ●

□気持ちを言語化できない場合は、**絵から選択**する。気持ちの強さを**視覚化**（心のものさし）し、気持ちを見つめやすくなり、共有しやすくなる。

□**気持ちを客観化**することで、自分の気持ちと向き合い、それへの対処法を考えるきっかけになっていく。

□ネガティブな気持ちもポジティブな**気持ちも共有**することで、気持ちを表現し、伝え合っていくことの意味を体感していく。

106 心が折れそうなとき

● 課題内容／基本バージョン ●
◇心が折れそうになったときのことを思い出し，話し合おう。
◇心が折れそうになったとき，役に立ったことベスト3を思い出そう。

● 活動の意味 ●
○どうして心が折れそうになったのか，きっかけの出来事，どのくらい続いたか，本当はしてほしかったこと，どうやって解決できたかを振り返る。
○心が折れそうなとき，乗り越えるためにどんなことをしたのか，自分をどうやって励ましたのか（ポジティブセルフトーク）を整理する。対処法や打開策を整理し，今後似たような状況があったときの行動に役立てる。
○自分が辛いときの気持ちを客観化し，誰かにわかってもらえると，負の気持ちを癒していく効果がある。
○「不安」「怒り」「心が折れそうなとき」などを振り返ることで，自分自身の「負の気持ちの法則」がわかってくる。どんなときに自分の気持ちがどうなってしまうのかを知ることで，対策や心の構えを作ることができる。心が折れそうな気持ちを乗り越えていくスキルを身に付けていくことができる。

● 学び術のポイント ●
□**共感**を前提に子どもの話を聞く。
□心にも**ごみ箱**が必要なときがある。負の感情を1人で抱えるのではなく，共感してもらえることで，負の感情が和らぎ，癒されていく。誰かに話し，表現することで負の気持ちが収まっていくことを体験から知る。子どもが自分で言語化できないときは，大人が代わりに言語化し，共感していく。
□**過去の体験を整理**し，未来の自分へ活かしていく。
□投げやり的な気持ちから始まっても，話す・表現する中で，未来志向の**建設的な方向**に切り換わっていくようにする。

> 気持ちを振り返ることで，自分の気持ちと向き合う自我が芽生えてくる。

107 起承転結で振り返ろう

● 課題内容／基本バージョン ●
◇出来事（トラブル）を，起承転結で整理してみよう。

起	承	転	結
発端，出来事の始まり，きっかけ，原因	誰がどんなふうに行動，トラブルの内容	どんな影響，広がり，驚いたこと	どんな気持ちになった。結果どうなった。

● 活動の意味 ●
○発達障害のある子の中には，振り返ることが苦手で，出来事があったとき，自分だけの思い込みで整理したり，興奮したまま感情的な処理をしたり，相手や周りの状況を見落としたり，自分の訳ばかりを強調したり，正確に因果関係を把握できないことがある。そのままでいると，問題の解決を考えられなくなり，いつまでも負の感情を抱えてしまうことになる。出来事（トラブル）を起承転結で整理し，出来事の文脈や因果関係をわかりやすくしていく。

● 学び術のポイント ●
□出来事（トラブル）の流れを**図式化**（**視覚化**，起承転結で整理）する。
□発達障害のある子は，突然，事が起きてしまったように感じ，発端となる「起」の部分の事実を見落としてしまうことがある。最初は，**話しやすいところ**から話し始め，徐々に起承転結の流れを埋めていく。
□振り返りのとき，1人よがりの見方で振り返ってしまうときには，あえて**相手の気持ちや周りの様子**の項目を入れていく。
□自分の体験では振り返るのが難しいことがある。時には，物語，道徳教材，意図的に設定した話などを教材に，客観的に**振り返る練習**をする。
□繰り返し同じ様式で振り返ることで，出来事のまとめ方に慣れていく。いずれ**自分の力**で，振り返れることを目指していく。

「起承転結」で自分の周りの出来事の因果関係を整理しよう。

108 怒りそうになったら，どうする？

● 課題内容／基本バージョン ●
◇怒りそうになったとき，どうやって行動したらよいかを話し合おう。

● 活動の意味 ●
○怒りそうになったとき，どうやってその気持ちをコントロールしていくのか，いろいろな対処法を考える。自分に合った対処を知っていることで，行動を調整する力になっていく。
○怒ってしまったときのこと，上手に切り換えられたときのこと，どちらの体験についても，どうやって対処したらどういう結果になったのか話し合い，記録していく。この振り返りの積み重ねが，結果予測の力を育てていく。
○ポジティブな気持ちに切り換えるサクセススイッチについて考える（次項）。

● 学び術のポイント ●
□怒りそうになったら，まずは「10数えよう」。あえて，**間を作る**ことで，反射的に行動してしまうことを抑制する。
□怒ってしまったときの結果を予測してみよう。「ここで怒ってしまったら，どうなる？」**結果予測**できる力が，行動を調整できる力になる。
□怒るほどのことか，その出来事の意味・**価値を見直して**みる。
□なぜ怒ろうとしてしまったのか，自分の中で，何かこだわりすぎていたことはなかったか。場合によっては，自分の**こだわりを切り換える**ようにする。相手を変えるより，自分を変えるほうが解決の早道になることもある。
□あえて一度，その**場から離れて**みる。**落ち着く場と時間**を作る。
□思いついた方法を**カード**にして，自分の得意**アイテム化**していく。
□友だちや先生の「**アシスト**」をお願いする。「アシスト」のお願いや「ヘルプ」を上手に言えることで，未然に防ぐ方法を学ぶことができる。自分の安心感にもなっていく。

> 怒りそうになったときの「心のブレーキ」のかけ方を覚えていこう。

109 サクセススイッチを見つけよう

● 課題内容／基本バージョン ●
◇トラブルと出合ったとき，気持ちを切り換える方法を考えよう。

● 活動の意味 ●
○トラブルと出合ったとき，上手に対処し，結果をよい方向に切り換えていく方法（サクセススイッチ）を学ぶ。過去のサクセススイッチを整理したり，事前に考えておくことで，トラブルと出合っても未然に防ぐ力を身に付けていく。
○トラブルへの対処の仕方をシミュレーションし，どのサクセススイッチを使えば結果がよくなるのか，結果予測する力を伸ばしていく。

【サクセススイッチを見つけよう！】

○トラブルへの対処法が見えてくることで，気持ちをポジティブに切り換えたり，安心感を作り出していくエクササイズになる。

● 学び術のポイント ●
□過去の自分の**体験から振り返り**，どうやって気持ちを切り換えることができたかを思い出して話す。

□一緒にサクセススイッチについて考える。「〜はどうだった？」「〜は，どうかな？」と提案し，結果を予測していく。**結果予測**の力を育てていくことで，自分の行動を切り換える力の土台となっていく。最初は，一緒に結果予測を考えながら，いずれ子どもの力で結果予測できることを目指していく。結果予測の力を，未来の行動調整の力にしていく。

□例えば，なかなかポジティブな方向に切り換える方策が見つからずに，ネガティブな方法を思いついたとしても，それを否定しない。そのネガティブな方法をしてしまうと状態がどうなってしまうのかを予測していく。「〜したら，〜になるから，〜にしよう」。

□自分の体験からだけでは難しい場合，イラストの中から選んでいく。

□サクセススイッチについて，話し合ったことをワークシートにまとめ，これからの行動の参考にしていく。

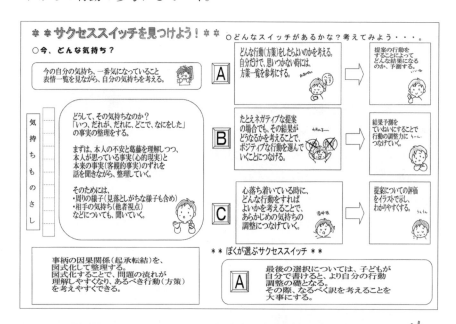

トラブルがあっても，よい方向に切り換えるサクセススイッチはある。サクセススイッチを見つけて，すてきな明日を作っていこう。

110 サクセスストーリーを作ろう

● 課題内容／基本バージョン ●
◇運動会に取り組むためには，どんなことをがんばるのかを話し合おう。
◇漢字テスト100点を目指し，どんなふうにがんばるのかを話し合おう。
◇「忘れ物0」のためには，どうしたらいいのかを話し合おう。
◇楽しい中学生活を送るために，どんな準備をしたらいいのかを話し合おう。

● 活動の意味 ●
○「こうすれば大丈夫」「ここを気をつける…」「ここががんばりどころ」など，成功に向けてシミュレーションを考える（サクセスストーリーを作る）。
○目標に向け，成功するためには今からどうしたらいいかな？　を考える。
○サクセスを目指した方策の意識化（メタ認知）を図ることで，ポジティブなエネルギーを引き出していく。

● 学び術のポイント ●
□成功するために，今の自分では心配なところ，気をつけなくていけないこと，どんな**準備**や**がんばり**が必要かを，**一緒に話し合い**ながら整理していく。
□成功への道と残念な結果，どこが**分岐点**なのかを整理する。ゴールの結果予測をし，成功のための「ふんばりどころ」を意識していく。
□成功までの道筋が見えてくるように，**フローチャート**にまとめていく。
□選んだ方策（行動）がどうして大切なのか，その訳を考える。「**訳**」をしっかり考えることが，実際の行動での力になっていく。
□信頼する人との**絆**が深ければ深いほど，いざという時の力が大きくなる。
□成功（目標）に向かって，成功までの**道筋を共有**することで，自分のがんばりを見てもらえる期待感，安心感が生まれる。

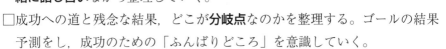

サクセスストーリー（成功までのプロセス，行動の目標）を考えよう。

111 自分史づくり

● 課題内容／基本バージョン ●
◇自分の成長の歩み（自分史）を記録してみよう。

● 活動の意味 ●
○自分史を作成することで，今までの自分を振り返り，大事にしたい自分らしさを考えていく。
○自分を取り巻く人たちの思いを知る。記録化し，意識していく。

● 学び術のポイント ●
□テンプレートを活用する（思い出す項目）。
　・周りにいる人（家族）の思いを聞く。生まれた時，どんな気持ちだった？　どうしてこの名前をつけたの？
　・自分の成長の様子を聞く。初めてことばを話したのは？　立ったのはいつ？　困ったことはあった？　うれしかったことは？
　・各年齢の楽しかったこと，がんばったこと，うれしかったこと。
　　夢中になった遊び。好きだった遊び（いつ，誰と，どんな遊び，どうして夢中になった？）。大事にしていたもの（宝物）（どうして大事だった？）。
　・自分が言われて，うれしかったことば（誰の，どんなエピソードのとき）。
　・感謝していること（誰に，どんな感謝を伝えたいか，そのエピソード）。
　・未来の自分に期待していること。夢。
□事実（いつ，誰と，どんなエピソード）と同時に，その背景にある「訳」や「思い」を大事にする。
□写真を活用する。
□自分史を作りながら，どんな気持ちが芽生えてきたかな？
□友だちの自分史を読み，友だちのことをより知るチャンスにする。

> 自分の歩みの中から，明日の自分へのヒントが見えてくる。自分を支えてくれた人の思い，成功体験，その知恵や役に立つスキルを整理しよう。

112 心の杖・レジリエンス

● 課題内容／基本バージョン ●
◇自分が苦しいとき，どんなことを思い浮かべたら，がんばりの力がわいてきたかな？　思い出してみよう。
◇嫌な出来事があったとき，いつもどうしているかな？　今までに，嫌な気持ちを切り換えてくれたことばやものはある？　思い出してみよう。
◇新しいことに挑戦するとき，どうやってがんばりの力を作っていく？

● 活動の意味 ●
○2～3歳くらいの子どもが，安心できる基地（母親など）から離れて新しいことに挑戦しようとするとき，ぬいぐるみなどを胸に抱え歩み出していく。自分の気持ちや力を支えてくれるものは，年齢と体験によって変わっていく。お気に入りのもの。好きな人の励ましやことば。新しいことへの興味。自分ががんばった成功体験。がんばれたときの気持ちのよさ。おいしい物を食べたこと。誰かのためになれた体験。あの人みたいになりたいというあこがれ。夢に向かっての希望。これらの自分の「心の杖」を意識していく。
○自分の気持ちの支え（心の杖）。負の気持ちを立て直し，新しい自分のチャレンジのエネルギーを作っていく気持ち（レジリエンス）。「心の杖」や「レジリエンス」を見つめ直し，未来の自分を励ましていく。

● 学び術のポイント ●
□何か支えがあることで，がんばりの力が生まれた体験を一緒に振り返る。時には，それを教えてもらう。
□負の気持ちを切り換えることができた体験を大切にする。そのときの気持ちの流れを振り返る。自分の中にある心の強さ（レジリエンス）を思い出す。
□何か新しい挑戦をしようとするとき，自分の「心の杖」を思い出す。
□誰かと話し合うことで，今後の方策を意識化する（メタ認知）。

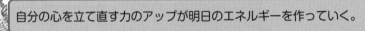

自分の心を立て直す力のアップが明日のエネルギーを作っていく。

113 自己有用感を高める

● 課題内容／基本バージョン ●
◇「ありがとう」と言われたときのことを思い出そう（いつ，どんなとき，誰から言われたかな？　そのとき，どんな気持ちだったかな？）。
◇今まで，クラス（家）のどんな係（仕事）をしてきたかな？

● 活動の意味 ●
○自己有用感（他人の役に立った，他人に喜んでもらえたという体験，感情）を確かめることで，自尊感情（セルフエスティーム）を高めていく。
○子どもの自己有用感のツボを見つめ直す。

● 学び術のポイント ●
□自己有用感を高める取り組みを大切にする。自分の行為を肯定的に受け止めてもらえる。「ありがとう」と言われる。自分の存在が大切にされている。自分がいる集団（クラス，家庭，部活，友だち関係）の中で，自分なりの役割がある。誰かのために役に立ったことがある。

□自己有用感が否定されてしまう関わり。「みんなはできるのに，何しているの…」「こんな簡単なこともできないなんて…」「いつもできないわね…」。できないことをただ繰り返すように言われた。「どうせ自分なんていらない」と感じてしまった。

□「ぼくって，いい感じ！」と感じられた瞬間のことを思い出す。自分のがんばりが認められた。ほめられた。目標を達成できた。誰かの役に立てた。きちんと自分の仕事ができた。「いい感じ！」が作れた訳，行為を思い出す。

□自己有用感につながる体験が少ない場合は，「ほめる種」（あえてできそうな仕事を与える。がんばりが認められそうな活動をする）を仕込んでいく。「～してくれてありがとう。～君のおかげで，～できたね」。

「ぼくって，いい感じ！」を生み出すような，「誰かの役に立つ仕事」をしよう。自己有用感は，がんばりのエネルギー。

114 聞く耳を育てる

● 課題内容／基本バージョン ●
◇誰かに注意をされたことはある？ どんなことだった？ どんな気持ちだった？ その後，どうしたかな？ 思い出して話し合ってみよう。

● 活動の意味 ●
○発達障害のある子には，注意やアドバイスを聞くのが苦手な子も多い。上手に注意やアドバイスを「聞く耳」を育てていく。自分にとって，少し辛いことでも受け入れられるような「聞く耳」を育てていく。

● 学び術のポイント ●
○聞く耳の**タイミング**が大事。後から言われる（**後付け**）と聞けない子でも，先に言われる（**先付け**）と聞ける子もいる。その逆もある。「聞く耳」のタイミングの違いを見極めて，状況によって使い分ける。
○**伝え方**で変わる。「～，だめだな！」と否定的に伝えるのではなく，「～のようにできるかな…？」（提案的），「あれっ，こういうときは…」（手がかりに気づくように）などの伝え方を工夫する。声の大きさや調子を工夫する。
○**内容の工夫**。ちょっとしたことなら受け入れられても，内容によっては，聞けないこともある。ストレスを感じやすい内容もある。時には，ハードルを下げて，聞きやすいことから始める。
○「聞く耳」の**成功体験**を振り返る。「聞く耳」をもてたことでうまくいったときのことを思い出し，今後に活かす。
○**自分の行動**を振り返る。ふてくされた。無視した。いじけた。パニックになった。逃げた。言い訳をした。反射的に逆切れした。素直に聞けた。今までの体験から今後への気づきを促していく。「どうしたらいいと思う？」
○物語やイメージしやすい題材を活用し，身近な行動を**投影**して，本来ならではの望ましいスタイルを学んでいく。

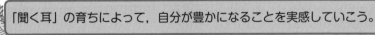
「聞く耳」の育ちによって，自分が豊かになることを実感していこう。

115 自分を俯瞰する力を育てる

● 課題内容／基本バージョン ●
◇授業の終わりに「振り返り表」を書こう。

● 活動の意味 ●
○自分のことは，よく見えるようでも，つい自分に都合よく見てしまうことが多い。発達障害のある子の中には，自分を見つめ直すとき，なんでも「よくできた」と自分にとって都合よく見てしまう子がいる。今の自分の行為を客観的に見つめる俯瞰の目を育てていく。

○より正しく行動を見つめ直し，リアルタイムの俯瞰の目が育ってくると，行動を調整する力になっていく。自己評価の目を育てていく。

○「俯瞰の目」をもてることが，「私の中の私たち」（心の中にある自分を見つめ直す集団的，社会的な目）につながっていく。

● 学び術のポイント ●
□振り返りの観点を事前に明確にしておく。意欲・態度。準備・整理。学習内容（技能）の理解。他者との関わり。今日の自分のがんばり。

□自己チェックしやすいように，テンプレート式にして記入しやすくする。

□振り返りや自己評価の基準をスケールにして，記入しやすくする。

□自分の行為を数値化（点数をつける）し，訳を考える。

□自分にとって都合よく振り返ってしまう場合もある。そんなときには，他者の意見，感想を聞く機会を作る。他者の意見を上手にキャッチできると「俯瞰の目」が育っていく。心的事実と客観的事実のズレを修復していく。

□「振り返り表」を基に，話し合う。振り返りの仕方について考えていく。

□心の中に「もう1人の自分」がいる感覚で自分の行動を見つめ直すようにしていく。

> 「自分を俯瞰できる」力は，よりよい自分の姿を見つける力。
> 「心の中のもう1人の自分」の力のアップを目指そう。

116 心の理論（他者視点）

● 課題内容／基本バージョン ●
◇孝君は，ボールを赤い箱になわとびを青い箱に片付けた。その後，外に出かけた。後からやってきた亜美さんは，ボールを青い箱に，なわとびを赤い箱に入れ替えた。その後，孝君と昭雄君が戻ってきた。昭雄君が「ボールで遊びたい」と言ったので，孝君は，ボールの場所を昭雄君に教えてあげた。さて，孝君は，昭雄君にどこの場所を伝えるかな？

● バージョン2 ●
◇右の絵の掃除をしているそれぞれの人の気持ちを考えてみよう。

● 活動の意味 ●
○孝君は，亜美さんが別な場所に入れ替えたことを知らないので，昭雄君には，「赤い箱にボールがあるよ」と伝える。しかし，亜美さんが入れ替えた話を聞いている立場から考えると，「青い箱にあるよ」と答えてしまう。孝君が「赤い箱にあるよ」と答えるためには，お話の中の孝君になりきって考えなくてはならない。他者の視点になって，その人の考え，気持ち，情報を考える力のことを「心の理論（当事者の視点から物を推理できる力）」と呼ぶ。
○生活の出来事において，「～は，どう思ってたかな…？」と，相手の視点で事実をとらえ直し，「心の理論」を育てていく。

● 学び術のポイント ●
□物語の登場人物の気持ちの変化を読み取る。例：イソップ物語の「よくばりな犬」の犬の気づきの変化。「はなのみち」のクマさんの気づきの変化。
□物語の登場人物になりきって，それぞれの立場の気持ちを考える。

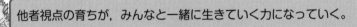

他者視点の育ちが，みんなと一緒に生きていく力になっていく。

117 振り返りの原則

● 課題内容／基本バージョン ●
◇トラブルの振り返り方を工夫してみよう。

● 活動の意味 ●
○振り返り方を工夫することで，振り返りの力や行動調整の力を育てていく。

● 学び術のポイント ●
□子どもと一緒に振り返るときは，子どもの**気持ちが落ち着く**ように，やさしい声，ゆったりした気持ち，落ち着いた雰囲気で行う。

□**事実の確認**をする。話しながら事実を整理するお手伝いをする。フリートーク式，記述法（日記，生活記録），ビデオトーク（図や絵で表しながら再現），点数法（数値化），事前の目標の**がんばり表**を見ながらなど，トラブルの内容と子どもの状況に応じて工夫する。

□**本人なりの「訳」**を受け入れる。

□自分の問題点を子ども自身が気づけるようにしていく。あえて極端な言い方や反対のことを想像し，どうしたらよいかを考える。

□今までの成功体験を思い出す。悪化を防いだ力を意識させる。

□「今，どうしたらいいと思う？」「どうしても我慢できない？」などの**本人の気づき**を促すことばかけをする。

□今後の行動のスキルと気持ちを育てる。具体的な行動の目標を一緒に決める。記録に残す。今後の**作戦にネーミング**し，意識化を図る。本人が意識できたことを**後押し**（それいいね，その通りだね）していく。大事な**成長の分かれ道**という意識を育てる。選択肢を与えながら，**サクセスストーリー**（次どうする，こういうときどうする，成功への道筋）を作っていく。

□今後への**励まし**を大事にしていく。その後の**変化や成長の喜び**を共有していく。セルフエスティームを高める取り組みにつなげていく。

> トラブルがあっても，きちんと振り返り，明日につなげよう。

9章 自我を育てる学習課題&学び術

118 気持ちと行動の修正

● 課題内容／基本バージョン ●
◇トラブルが起きないように，どうやって行動を修正するのか考えよう。

● 活動の意味 ●
○成功に向けての気持ちと行動の調整・修正のポイントを整理する。

● 学び術のポイント ●
□トラブルを**振り返り**（自己モニター），トラブルの内容を分析する。
　・どんな思いなのか，今の気持ちを共感し，理解していく。
　・特に，本人の「訳」を理解していく。
　・事実と思いをフローチャートや起承転結で整理する。
　・トラブルの因果関係を考える。
　・相手の思いや周りの人の思いを考える（他者視点，心の理論）。
　・心的事実と客観的事実のズレを修正する。

□行動調整のポイント
　・実行機能をサポートする（選択集中，行動の意識化，言語化，内言化）。
　・トラブルが起きる前に活動の手順，段取り，条件，ルールなどを整理する（先付けで行動の調整，プランニングをする）。
　・活動の前に，事前の交渉をする。子どもの気持ちを聞きながら，どのくらいならがんばれるか（気持ちと行動）を相談（交渉）して決める。
　・活動の手順をわかりやすくする（視覚化，残る手がかり）。
　・ゴールまでの見通し，成功へのイメージをもつ。モデルを見つける。
　・ゴールに向けてどう行動すればいいのかを選ぶ（選択予測）。
　・成功までのシミュレーションを行う。
　・自分の得意や特性を活かした活動を配慮する。
　・できる活動，できそうな活動から始めていく（インスタントサクセス）。
　・「楽しそう」と思えるように活動を工夫する（ワンスプーンシュガー）。
　・ゴールに向かって小さな「できそう」を積み上げる（スモールステップ）。

- できる活動を増やしていく（パターンの反復，ルーティンの活用）。
- 「今，何をする」「こうやってやれば大丈夫だよ」活動内容と方策の明示。
- すぐに活動できないときのタイムラグを理解し，経過を見守る。
- だめ出しにならないよう，「〜できるかな？」と前志向的に提案する。
- トラブルが起きそうな直前（半歩手前）で，「今，ここがふんばりどころ」とリアルタイムのアシストをする。「今，ここががんばりどころ…」と，気持ちと行動の調整のスイッチが入るようにしていく。
- 「あたかも自分で」行動できたという本人の思いを尊重していく。
- サポートをフェードアウトし「自分でできる」部分を積み上げていく。
- 困ってしまう状態が起こる半歩手前にサポートする。

☐ どうしてもうまくいきそうにないときには
- たとえつまずいても，「大丈夫」と切り換えられるしなやかさをもてるようにサポートしていく（レジリエンス）。
- つまずきそうになったら「助けて」と言えるようにする。
- 一度，気持ちの立て直しのために，その場から離れる（クールダウン）。
- 気持ちの立て直しのためには，負の刺激から離れる。負の刺激をなくす。過去の成功したことを思い出す。気持ちを切り換えることばを思い出す。他者からの励ましやサポートを思い出す。一緒に活動している人の思いを考える。上手にゴールできた自分をイメージする。自分の中の自分を励ます気持ち（自励心）を思い出す。願いやあこがれを思い出す。
- つまずいてもリカバリーできる方法を伝える(リカバリーできる安心感)。

☐ 次の成功に向けて
- がんばりカードで目標を確認し，自分の行動を振り返っていく。
- 子どものがんばり度を認めていく（ほめ，ごほうび，証，トークン）。
- 成功体験したときの思いや方策を話し合う。
- 成功体験を記録や記憶に残す。

> 気持ちと行動の修正の力をアップして，トラブルを未然に防ぐ。
> たとえトラブルがあっても，それを乗り越え，明日に活かそう。

119 トラブルを学びへ

◯ 課題内容／基本バージョン ◯
◇トラブルが起きてしまったらきちんと振り返り，今後の自分に活かそう。

◯ 活動の意味 ◯
○起こしてしまったトラブルから学ぶことで，未来の自分にアドバイスできる力を育てていく。

◯ 学び術のポイント ◯
□子どもがたとえ間違ったとらえ方をしていたとしても，子どもが思っている事実（**心的事実**）を聞くことから始める。

□トラブルの直後では，不安定な気持ちを引きずってしまうことも多い。気持ちが落ち着くまでの**タイムラグ**を理解する。

□気持ちとしては，きちんとやろうという気持ちがあっても，実際の結果が思うようにいかないこともある。気持ちと実際の**実行機能にギャップ**がある場合には，気持ちの部分を尊重し，うまくできずに苦しんでいる子どもの気持ちを癒していく。その上で，**実行機能の力をサポート**していく。

□今後，どうすればよいのかという観点からトラブルのことを振り返っていく。だめ出しではなく，「〜すれば，うまくいくかもしれないね」「〜できるかな…？」と**未来提案型の話し合い**をしていく。

□わかってもすぐにできなかったり，理解できるまで時間が必要な場合もある。時には，成長まで時間がかかる覚悟も必要になってくる。子どもの**成長のプロセス**を見守る。

□トラブルが落ち着いたら振り返り，子どもの心の内側から自分を見つめる目，考える力，自分を励ましていく心（**自励心**）を育てていく。「私の中の私たち」の育ちを大切にする。

自我（自励心，私の中の私たち）の成長こそが，トラブルを乗り越える力，未来を切り拓く力になっていく。

10章 発達の筋道と学び術

120 発達のプロセス・メカニズムと学び術

　発達上の「できにくさ」を抱えている子は,「できにくさ」の影響から,その子なりの成長・発達の特性をもっている。発達を単なる育ちの筋道(順序)と考えるだけでなく,発達のプロセスとメカニズムを解き明かし,その子に合った「学び術」を見つけていく。

　最初は,子どもたちの「困っている」ことを解消していく。

　次に,「困っている」ことの背景にある「できにくさ」を見抜き,その子に合った学習と成長のプロセスを考える。発達のプロセスとメカニズムの理解が,「できにくさ」をもっている子たちの成長・発達を解き明かす鍵となる。

　発達のプロセスとメカニズムを考える手がかりとして,
○どんなステップで,一つ一つを積み上げていけばいいの？　　（発達の**順序**）
○1つの「できる」の少し手前では,どんな準備が必要？　　（発達の**根っこ**）
○半歩手前の成長の兆しは,どうやって見つけていくの？　　　　（発達の**芽**）
○「できない」ことだけを見るのではなく,どこまでできているのかを見極め,「今何ができそう」なのかをどうやって見つけていくの？　（**最近接領域**）
○半歩先の成長・発達を促す手がかり・活動は何？　（発達の**中心的活動**）
○一つの「できる」が他の「できる」にどうつながっていくの？（**横**の発達）
○成長を阻害する「できにくさ」は,どう調整すればいいの？（発達と**障害**）
○今の成長は,未来の成長にどうつながっていくの？　　　　　　（**縦**の発達）
○「考える力」の成長と自我の成長は,どう関わっているの？　（**心**の発達）
などを解き明かし,一人一人の子どもに合った「学び術」を見つけていく。

　「学び術」は,「こうなってほしい」という大人の願いと「こうなりたい」という子どもの願いの相互の関わりの中で生み出されていく。

　発達のプロセスとメカニズムの理解のもと,学び術では,「◇何を（課題内容）」「○何のために（活動の意味）」「□どのように（学び術のコツ）」学習していくのかを子どもと一緒に見つけていく。

121 3〜4歳の考える力と自我

● 考える力 ●

- 簡単な指示の実行ができる。「○○と○○おんなじ」が使える。
- 物の定義がわかり始める。「ドウシテ？」と聞く。短文復唱（3ユニット）。
- 丸の大きさの比較ができる。反対類推（例：ゾウは大きい，ネズミは…）。
- 相対化された世界（大―小，長―短，好―嫌，多―少，円と線）。

　ある保育園の3歳児のクラス。このクラスでは，散歩に出かけるとき，朝，一度集まって座る。そのとき「お出かけ用の帽子をかぶってから集まる」ことが約束として成立していた。ある雨の日。「今日は雨のため，お散歩に出かけません」と先生が話した。その意味がわかった子は，「今日は雨だから…」とお出かけ用の帽子をかぶらずに集まった。ところが中には，いつも通りに帽子をかぶった子。その子の様子を真似て，帽子をかぶってしまった子。ルーティンによって成立した行動でも，条件によって変更できる力が育っているかどうか，成長の違いが見えてくる。発達障害のある子の場合，「ルーティンでの行動」から「条件に合わせて柔軟に行動」へ成長できるかどうかは，その後の大きな分かれ道となる。「普段のルーティン→条件を考える力→条件によって行動を柔軟に変える」ことが大事な目標になってくる時期。

● 自我の発達への手がかり ●

- 外言（自分の一人言や周りの大人の声かけ）による行動調整。この時期は，一人一人に話しかけることで，行動調整ができるようになる。
- 毎日繰り返しているルーティン的な活動なら，自分の力で課題遂行できる。
- 「だだこね」が見られることもある。気持ちを受け止めつつ，選択肢を用意し，選択して行動する。「マタアトデネ」「マタアシタ」としばらくの間の我慢ができる。しかし，不安になると，1人で立ち直るのが難しくなる。
- 自分の持ち物を持つことに喜びを感じる。自分ですることを「ぼく」「わたし」「1人で」と言う。新しくできるようになったことは自分でしたくて，他からの手伝いを拒む。心の杖を頼りに，行動範囲を広げていく。

122　4歳半の考える力と自我

● 考える力 ●

- 他者視点（心の理論）の芽生え。
- じゃんけんで勝負を決めるなど，簡単なルールができ始める。
- 信号を見て正しく道路を渡るなど，条件による行動調整（Go／no-Go）。
- 紙飛行機を自分で折る（手順の記憶）順序の記憶（視覚的）ができる。
- 経験したことを他児に話す。短文の復唱（4ユニット）。
- 数概念（1対1対応）。4数詞の復唱（4歳前半）。2数の逆唱。
- 長方形の組み合わせ　四角形の模写ができる。
- 「片手を結び，片手を開く，その反対」の繰り返しが見本を見ながらできる。それを「ゆっくり，早く」のことばの指示通りにできる。
- 聞く力（対象があって）が育つ。反対類推（昼は明るい，夜は…）。
- 普通では，見えないところ（土の中のアリ，木の根）でも描ける。

● 自我の発達への手がかり ●

- 内言による行動調整が芽生えてくる。ごっこ遊びなどができる。
- 約束に理由を求める。「…ダケレドモ…スル」「ダッテ…ダモノ」といった自分の経験からの理由づけで行動を調整していく。経験をもとに積み上げてきた行動のルールが内面に入り始める。経験から学習した自分なりの判断に従って行動を調整でき，少しずつ自制心の形成が進んでいく。
- 理由がわかって大人の評価に従って行動しようとするが，自分の理由が優先したり，楽しみにしていた約束が破られると怒りを示すこともある。
- 全体への指示が通り始める。
- 人のために役立つ喜び（役割）が芽生える。
- 自己行動の振り返りが生まれ始める。
- ことばが行動を調整する。ことばを使って友だちと協同の目標を達成する。
- 条件による行動調整（Go／no-Go），聞く力，他者視点，協働，行動の振り返りなど，衝動性をコントロールできる力の育ちが，その後の成長へ大きく影響してくる。

123　6歳の考える力と自我

● 考える力 ●

- なぜ同じ，違うの理由がわかる。絵の不合理，絵の欠所を発見する。
- 大小と多少の「真ん中」「中ぐらい」がわかる（中間項の理解）。
- 模倣によるヒモ通し（3種類11個）。
- 数概念（10個5歳）。「＋1」「－1」がわかる。10からの逆唱。
- 数の比較（どちらがいくつ多い）。打数数え（10まで）。
- 左右の弁別　5数復唱，3数の記憶による逆唱。

● 自我の発達への手がかり ●

- 「理をしりそめし思考の力」といわれる時期。経験や自分の行動を通じて，少しずつ事の理屈を理解していく時期。「なぜ」という訳や，行動のつながりの訳を，意識しながら行動を振り返っていく。ただ自分1人では，できないことも多いので，大人の調整を頼りにした話し合いを通じて学んだり，大人の力を借りて行動修正したりする。経験したことであれば見通しをもった行動調整ができる。自己評価ができ始める。
- ルールに基づく判断が育ち，役割の交代ができる。自分と同じ意見や目的をもって集団で行動する。集団でリーダーシップをとろうとする。
- 意思がはっきりし，中間的なニュアンス（繊細な精神）がわかり始める。
- 自分への内言により内化し始めた基準枠に従って行動を調整する。
- 他者に「自分」と似ている部分を発見する。共通項的な理解がもとになって，教える力が育ち，自己形成の見方が始まる。
- 聞く力（静かに止まる，衝動性を抑える，選択集中，ことばの理解，ワーキングメモリー，内言による思考）を育てることが，その後の成長の大きな分かれ道になる。
- 生活上の行動の決まりも，習慣の中で成立していたことから少しずつ自分で考えて自律的に守る力へと向かっていく。
- 探索，発見，再創造の喜びが行動の原動力になっていく。

124　1・2年生の考える力と自我

● 考える力 ●

- 文字の獲得。聞く力（静かに止まる，選択集中，外言から内言へ）の成立。
- 話しことばを文字へ。順序を考えて読み取り，書く。漢字80字（1年生）。
- 体験を文字へ。主語・述語，ようすを表す言葉。漢字160字（2年生）。
- 100までの数，1桁のたし算・ひき算，長さくらべ（直観的）（1年生）。
- 10000までの数，2桁のたし算・ひき算，かけ算九九，長さくらべ（単位）。直観的な感覚から単位概念の理解の始まり（2年生）。
- 視覚的題材を補助としながら，文字の世界の理解や文字での表現の広がり。
- 共通点を見つける。例：トンボとはと。
- 2つの条件までの類推ができる（例：車は道路を走る，鳥は…を…）。
- 話の不合理に気づいていく。短文の復唱（5～7文節）。
- 記憶によるヒモ通し（3種類6，7個）。

● 自我の発達への手がかり ●

- 「小1プロブレム」といわれるように，この時期には，①集団行動，②決められた約束を守って活動する，③座って話を聞いて学習する，などの力の成長が最低限必要になってくる。
- 衝動性（注意・選択集中，必要な行動の静止，活動の ON と OFF の切り換え）をコントロールできる。
- 自分の思い通りにならないときでも，周りの様子を見て感情の調整ができる。
- ルーティン（決められた繰り返し行う約束的活動）を自律的に活動する。
- 自分で考えて行動できる約束（自己内規律）を体験的に広げていく。
- 新しいルールでも，先生の調整や始めの約束に基づいて行動できる。
- みんなのペースに合わせ，「協力，協働，役割」的な活動を先生の助けを借りながら，体験・活動から一つ一つ学び，徐々に自分の力でできる。
- 他者（友だち）の行動から学ぶ。よい行動の訳の意味づけがわかり，これからの活動に活かすことができる。

125　3・4年生の考える力と自我

● 考える力 ●

- 文脈を意識して，ことばのつなぎ，段落と段落の内容やつながりを考えて，文づくりができる。論理性に基づいて，文の読み書きができる。
- 場面，気持ちの移り変わり，感じ方の違い，他者の意図を理解する。
- 目で見たらわかる課題（直感的）から抽象的な内容の理解ができる。
- 三角形を描く（コンパス，分度器，手順とていねいさ）。彫刻刀（4年生）。
- 共通点と差異点を見つける（スイカとトマト，お手伝いと仕事）。
- 指示語（こそあど言葉）。漢字200字（3年生）。
- 段落関係の図式化。調べ活動。要約。漢字200字（4年生）。
- 10000より大きな数，大きな数のたし算・ひき算，2，3桁×1，2桁
- 余りのあるわり算，長さくらべ（単位）（3年生）。
- 大きな数・およその数，小数・分数，大きな数のわり算，計算の順序，2つ以上の関係性を1つの式にまとめる，広さの単位（4年生）。

● 自我の発達への手がかり ●

- 1・2年生は「だって先生が言ったんだモン！」が価値基準として成立していた。5・6年生になれば，親や教師から言われなくても，自らの考えで活動する価値基準が育っていく。その中間に位置する3・4年生は自分の内面に価値基準を作っている段階のため，時には，自分の欲求や楽しみを優先してしまい，身勝手な行動をしやすい時期になる（ギャングエイジ）。この時期に，育てていく課題として，
- 自分の周りの価値基準の理解，形成，比較しながら，自己の行動を内省化（自分モニター・振り返り）できる。自己内規律の妥当性を形成する。
- ある目的に向かってプランニングする。行動手順の組み立てと自己内調整。
- 状況や目的に応じて，自分の行動を訂正したり，行動を再構築する。
- 集団として計画的に行動できる。他者（友だち）の答えや行動を評価しつつ，自分の行動に活かしていく。他者の行動の意図を理解できる。

126 5・6年生の考える力と自我

● 考える力 ●

- 直感的比較から概念的比較へ。
- 状況や相手，目的に応じた意図の表現。
- 文章全体から書き手の述べたいことを読み取る。事実と自分の考えを区別して書く。要旨をまとめる。
- 論理を意識して聞く力。文脈の構造的理解。自分の意見の論証を考える。
- 調査をもとに意見をまとめる。資料の読み取りと活用。
- 抽象的な語の意味の理解（挑戦，尊敬，開発など）。
- 敬語。小数・分数（概念，かけ算，わり算）。単位量あたりの考え方。角度。円周。三角形や円の面積。グループ討論。漢字185字（5年生）。
- 生きた資料の分析。筆者の意図と自分の考えを比べながら読む。分数の四則計算。比。比例と反比例。体積。速さ。漢字181字（6年生）。

● 自我の発達への手がかり ●

- 他者と自分を比較しながら，自我の確立に向けて格闘している時期。
- 他者の受け入れを礎にしながら，他者に向けて自己表現していく。
- プライド，自尊意識（自我）が形成されつつ，自己内判断に基づきながら，自律的な行動調整をしていく。
- 行動する前に，頭の中の思考で「これをやったら，最悪の場合こうなるから止めておこう」ということができる。
- 活動に対し，集団の中での調整に不安を感じつつ，自律的に行動する。
- 組織的，機能的な集団行動ができ始める。仲間を模索する。同属意識の芽生え。「誰かのために」という価値基準で行動する。リーダーの育成が鍵。
- 目的や状況に応じて行動を構築する。目的に応じた行動の優先順位をつけ，自己調整ができる。場合によっては，状況に応じて行動を再構築する。
- 行動の背景や意図を想像し，考えに客観性が生まれる。実際の行動では，まだギャップもできやすい。理想に向かった行動調整を積み上げていく。
- 「親などより友だちとの関係性が優先される」時期へと少しずつ移行する。

127 中学生の考える力と自我

● 考える力 ●

　中学生の大きな特徴は、小学生までの学習が具体的な事象から思考する課題が多かったのに比べ、般化的な学習になってくる。事象に共通する性質を抽象化し、1つの概念にまとめていく。まとめた概念（専門用語、法則など）から具体的な事象を解き明かしていく。具体的事象から概念にまとめる。まとめた概念から具体的事象を解き明かす。この関係性の中で、学習が進んでいく。数学に出てくる「文字式」などは、具体的な数字ではなく、どの数字を入れても成り立つという般化的な思考の代表例。「関数」に表すことで、関係性を1つの形式にまとめあげていく学習となる。国語においても、小学生まで具体的な事象で学習してきた内容を「文法」という法則に整理し、それを専門用語にまとめ、その「文法」を使って具体的な文章を理解していく。具体的事象⇔般化の関係を行ったり来たりできる（可逆）思考が育っていく。

● 自我の発達への手がかり ●

　自我の成長においても、具体的事象（自分の気持ち、周りの気持ち）と一般的な決まりや法則（社会的なルール、基準枠、価値観）のはざまで揺れながら、社会とのつながりを意識した自我の確立に格闘していく時期。見た目には、大人の理屈（一般化への象徴）に対抗しながら、自我を構築しようとする時期。まさに大人と子どもの間の「中」学生。集団的な体験、社会的な体験からも自我を確立していく。承認欲求、自尊意識（集団の中の個の確立）、活動の充足感、ストレスとの向き合い方が大事になってくる。「凡事徹底」「脚下照顧」などのことばを大きな目標にしながら、日常の自分の行動を考え、振り返ることができる。

　高校生に向けて、仲間（趣味、活動、話し合い）づくり。社会的な自己有用感を感じながら、自分らしさ（アイデンティティー）を確立。体験や学びからの倫理感の育ち。「私の中の私たち」の論理的、社会的な広がりを育てていく。自分らしい目標や夢をもつことで、行動のエネルギーが作られていく。

128 自我の発達

● 自我の発達にとって，育てたい力 ●

- **自己モニター**（振り返り）の力。自分を俯瞰の目で振り返る。
- **自己選択・選択予測・行動の修正能力**。結果を考えて適切な行動を選ぶ。
- **気持ちのコントロール**。行動に合わせて，自分の気持ちを調整する。
- **自己有用感・セルフエスティーム**。行動への充足感や自励心の育ち。
- 他者との**コミュニケーション**。共同的な活動を通して，**他者視点**の育ち。

● 自我の成長段階 ●

① 「**私の中の私**」。自我の芽生えの時期。「…デハナイ…ダ」と生活の中で生まれた基準枠を外言（耳打ち）や一人言によって行動調整していく。

② 「**私の中のあなた**」。外言により基準枠を内面化し始め，内言による行動調整をし始める。「…ダケレドモ…スル」「ダッテ…ダモノ」と，自分なりの訳をもち始める。他律的自己調整→自律的自己調整に移行していく。条件によって行動調整できる力（Go／no-Go），他者視点（心の理論）の芽生え。

③ 「**私の中の私とあなた**」。大人の力を借りながら自己内の規律を体験的，具体的に広げていく。状況，相手，目的に応じて行動を振り返り，調整する力が育つ。他者と自分を比較しながら自我（行動）の確立へと格闘していく。他者の意図を受け入れながら，自分を見つめ直していく。自分と大人の理屈（身近な社会の枠）を対峙させながら，自我を構築していく。

④ 「**私の中の私たち**」。学習，集団的体験，社会的体験，などを経て，社会的な俯瞰の目が育ち，個と集団（社会）の意識を併わせもった自我（心）が確立していく。私の中の「私とあなた」が，「私たち」として考えられるようになっていく。仲間，社会，倫理，夢・理想が，心の中にある「私の中の私たち」を育てていく。集団の中での自己有用感や，社会的な自己有用感（自分らしい役割感，アイデンティティー）も求めるようになり，その気持ちを満たしていく（この「自我」の育ちを「心のリュウ」と表現している）。

129 啐啄同時

◇子どもの成長にとって，どんな教育的な関わりが必要か，考えてみよう。
○「発達」(Development)の語源には，「velop」包み，殻を「de」破る，という意味が込められている。語源から，発達とは，「取り巻く"殻"を破り，新しい自由を身に付け，明日の自分へ飛び出していくこと」ともいえる。

「殻を破る」といえば，マガモの孵化が思い出される。孵化の時のマガモのひな鳥と親鳥の関わりには，発達を考える上で大きな示唆がある。孵化の時，マガモのひな鳥と親鳥はどんな関わりをしているのだろうか。

マガモは，孵化寸前になると殻の中のひな鳥と殻を温めている親鳥が，殻をつつき合ってコミュニケーションをしている。そのやりとりの中で，ひな鳥が殻を破ってよいジャストのタイミングを親鳥は探っている。そのタイミングが見つかり，ひな鳥が内側から，親鳥が外側から，同時に，同じ場所をつつき合うことで，固い殻が破られ，ひな鳥が外に出てくることができる。

この孵化の時のひな鳥と親鳥の関わりの様子を表現したのが「啐啄同時」という言葉だ。もともとは禅宗のことばからきている。

ひな鳥が殻の中から殻をつつく音を「啐」という。

親鳥が殻の外から殻をつつくことを「啄」という。

この「啐」と「啄」のタイミングが合い，同時に行われた時こそ，「殻を破る」ことができる。言い換えれば，子どもが成長・発達していく。

このことばに込められている意味を考えてみよう。

①ひな鳥の願いと親鳥の願いが一致した時に，殻は破られる。子どもと大人の互いの願いの一致が大事。どちらか一方の願いだけでは，成長できない。
②願いが一致できるためには，ひな鳥と親鳥は殻越しにコミュニケーションを行っている。教育は，子どもと大人のコミュニケーションを土台とする。
③ひな鳥の殻を破って外に出たいという願いがあってこそ，親鳥の働きかけが活きてくる。しかし，殻の中のひな鳥の様子が見えるわけではない。だから，親鳥は，殻の中のひな鳥の「啐」（音）を聞き分け，ひな鳥の様子

をとらえていく。発達には，子どもたちの願いを汲み取る力が求められる。時には，声にならない子どもたちの声を聞き取る，心の耳が求められる。

④もし親鳥が無理やりに外側から殻を破ってしまったら，ひな鳥は殻の外に出ても，力が弱く，生きていくことが難しくなってしまう。外に出てからも生きていく力が備わってきた時，ひな鳥は，自分の力で殻を破って出ていこうとする。成長直前の子ども自らの活動を大切にし，自分の力で達成していく喜びを奪わない。

⑤ひな鳥が殻の中で豊かに精一杯過ごすことで，殻を破る意欲とエネルギーが生み出されていく。

⑥あわてて時期を早く叩きすぎてもだめ。ひな鳥が殻を破る力と願いを身に付けるまで"待つ"ことも大切。ただし，ただじっと"待つ"のではなく，じっくりと殻を温め，殻の中のひな鳥を育てながら待つ。時には，ひな鳥の外に出たいという願いや力を育てることも大切になってくる。

⑦ひな鳥1匹の力では殻を破れない。親鳥の適切なサポートが求められる。子ども任せにするのではなく，叩く場所，叩く強さ，豊かな叩き方など，具体的なサポートの方法と技術が必要となってくる。

⑧殻を破る時には，ある1点から集中的に破られていく。その1点を見つける。子どもの成長を作り出す，ここぞというポイントがある。例：書く力が育ってくると，衝動性を抑制し，考える力も育ってきたなど，子どもを成長させる絶好のポイントがある。それを見つけていく。

⑨じっくりと待つためには，ひな鳥の"内なる成長"の科学をわかっていること。どのような仕組みで成長していくのか，その科学を知る。発達障害のある子の成長の仕組みを解き明かす。

殻を破って孵化する時には，見事なほどのひな鳥と親鳥の関わりがある。

発達障害のある子との教育的な営みを考えていくとき，「啐啄同時」から学ぶことは多い。

10章　発達の筋道と学び術　163

発達の質的段階

発達的視点
- 〜君ものさし
- 順序→発達のステップ（段階）。
- 根っこ（発達の必要条件，十分条件）の状況。
  →次の力を育てるちょっと前の活動。
- 最近接領域，次の発達の半歩前と半歩先。
- 発達の質を高める中心的活動。
- 横の発達（それぞれの力のつながり，広がり）。
- 縦の発達（質的な変化，発達）。
- 障害・特性の理解と調整。つまずいたときの対処。
- 活動（できること），思考（考える），自我（心）。
- 本人にとっての意味，楽しさ，達成感，自己有用感
- 啐啄同時

赤子には肌を離すな
幼児には手を離すな
子供には眼を離すな
若者には心を離すな

8歳 集団での学習
- 文字
- ことばを書く
- 聞く力
- 順序性
- 共通点
- 具体・直感比較
- ルールのある集団

6歳 群れから一斉へ
- 内言
- 心の理論
- 自律的
- Go/no-Go
- 約束・ルール
- 中間の理解

私の中のあなた

4歳半 自分と他者
- 外言
- 自分（他者）
- 相対化
- 自分の訳

私の中の私

3歳

1歳半 心の基地
- 心の杖
- ことばの広がり
- 対
- 数の芽
- 問いと答えの成立

共感・共有
- 三項関係
- 指さし
- 立つ・歩行
- ことば

他者（社会）とのつながりの中で，
自我のとらえ直しと「自分らしさ」の追求

目的を共有し，自分の役割を
意識した集団的活動（チーム）

自分らしさ，夢，有用感

自我の確立・葛藤　15歳
アイデンティティー
私の中の私たちの論理的，
社会的広がり
社会的有用感
仲間
ヴィジョン

協力，協働　12歳
法則化（原理）
般化的学習
分析と総合
自主的
自尊意識
承認欲求
自分さがしの自分主張
活動の充足感

つながり　10歳
概念的比較
意図
目的，状況
調べる
論理・論証
友だちと一緒

文脈・段落
内省化
共通点と差異点
文章として書く
他者比較と自己改善の芽

私の中の私とあなた

私の中の私たち

自我（自己調整を育てる基本観点）

・自己モニター，選択予測，自己選択，行動修正能力。
・コミュニケーション，心の理論（他者視点），共感・協力・協働。
・気持ちのコントロール。
・自己有用感，セルフエスティーム，自尊心。
・活動への達成感，自発性，役割，社会貢献。
・「私の中の私たち」の育ち。

11章 学び術のツボとコツ

130 子どものことは子どもに聞こう

● 課題内容／基本バージョン ●
◇子どもの困っていることがあったら，子どもから聞こう。
◇子どものプチ自慢を聞こう。

● 活動の意味 ●
○子どもの話の中にこそ，サポートと学びの手がかりがある。
○大人が子どもの話をどう受け止められるかが，大きな分かれ道になる。

● 学び術のポイント ●
□子どもたちの話ほど，学べることはない。ある子が話してくれた。
　「△△先生は，話し方が速くてわからないんだよ…」
　　→話し方をゆっくりにしよう。
　「＊＊先生に怒られても，ぼくは大丈夫なんだぁ」「どうして？」
　「だって，静かに，今どうすればいいか耳打ちしてくれるから，ぼく，なんとか立ち直れるんだぁ」
　　→穏やかにその子の内面の力に話しかけよう（耳打ちの心理学）。
　「黒板の文字が満員電車みたいで，頭がごちゃごちゃになるんだよ」
　　→黒板をすっきり書こう。記号を使おう。手元にワークシートを配ろう。
　情報は，構造的にわかりやすく。
　「今日の勉強，〜がわからなかったぁ」
　　→その子に合った学び術を見つけよう。できれば，困る前に。
□少し落ち着いてから，見えてくること，話してくれることもある。
　「さっきの〜しているとき，どんな感じがしたの？」
　「なんかちょっと，イライラしちゃって」
　「そうかぁ…。自分では，そういうのってどう？」
　「本当は，なんとかしたいんだよ」
　「そうだよね…」「どうしてあげたら，助かる？」

「うん、少し落ち着いてきた。○○君みたいにやってみるよ…」
「すごいね。でも、何かあったら、声かけてね…、きっと大丈夫！」

☐ 子どもたちは、今の自分の辛い状況と、未来のなりたい自分への願いのせめぎ合いの中で生きている。「できにくさ」のために思うように進めない自分。でも、なんとかしたい。この２つの自分。「やりたいんだけど、できない」と葛藤している子どもを理解し、今できることを支えていく。そのためには、子どもの話を直接聞くことが一番の近道。

☐ しかし、そう簡単には自分のことを話してくれない。表現できるわけでもない。トラブルの渦中では、ふてくされてしまうこともある。できない自分に子ども自身が困っている。その負の気持ちを和らげながら、未来の「できる自分」までの道筋を作っていく。

☐ 何気ない子どもたちの話から、手がかりを見つける。私たちのセンサー（感度）が求められている。声にならない声、「助けて…」「なんとかしたいんだよ…」「ぼくもきっとできるようになるよね…」を受け止めていく。

☐ ことばで表現できなくても、子どもの行動、しぐさから見えてくることもある。ことばで聞けないときは、子どものしぐさや行動を見守る。もちろんチェックのために見張るのではなく、子どもの力になれるように見守っていく。

☐ 困っていることだけでなく、夢中になっていること、好きなこと、得意なこと、うまくできたときのプチ自慢。ポジティブな話の中には、どのように進めばいいかのヒントが込められている。ポジティブな話には、上手に乗っかって、子どものエネルギーを膨らませていく。

☐ 負の話も、正の話も、どちらも受け止めながら、子どもの世界から手がかりや今後の道筋を作り出していく。その伝え合い、見つめ合いが、自我の成長を促していく。

131 人が人を育てる

● 課題内容／基本バージョン ●
◇人の成長にとって，「人」にはどんな役割があるのだろうか？

● 活動の意味 ●
○子どもの成長にとっての「人」の役割を意識しながら，子どもの成長の大きな力にしていく。

● 学び術のポイント ●
□1歳〜1歳半の子どもたちが使い始める「指さし」という行為がある。ことばを十分に話せない時期，ことばに代わって「指さし」でコミュニケーションしている。「指さし」で伝え合うことができるようになると，そこにことばも付随され，ことばの力が伸びていく。

この「指さし」はどうやってできるようになるのだろう。使い始めから，コミュニケーションの機能をもっているのだろうか？ 実は，初発の子どもの「指さし」には，伝えるという機能はあまり備わっていない。単純に，何かに驚いて思わず手を伸ばしたり，欲しくて手を伸ばしたり，など自発的な行動のことが多い。しかし，それを見守る大人が「〜びっくりしたね」「〜欲しいんだね」と，「指」がさしているものを意味づけしてくれる。このやりとりの中で，子どもたちは「指さし」が自分の思いを伝える道具になることを知り，そのスキルを高めていく。この「指さし」の成立過程から子どもの成長にとっての「人」の役割が見えてくる。

①子どもの初発の自発的な行為。
②子どもの「意図」を察する大人の共感（無意識の意図を含める）。
③子どもから感じた「意図」を子どもへフィードバック（意味づけ）。
④子どもが自分の行為に新たな意味を理解（意味の理解）。
⑤今度は，もっとはっきりとした「意図」をもって伝える（意図的な行動）。
⑥大人がその成長を喜ぶ（成功体験の共有）。
⑦大人の喜びは，子どもの喜びにもなり，互いが互いの力になっていく。

子どもの成長過程には，より意味のある社会的な行為へと意味づけしてくれる「人」（大人）の行為が存在する。子どもの思いを受け止め，共感し，それに意味づけをし，より意味のある行為へと育てていくのは，まさに「人」（大人）の役割となっている。

□なかなか食が進まない子に，いくら「食べなさい」と命令的に言っても，苦手なことを克服できることは少ない。それよりも，「〜おいしいね…」と，おいしく食べている姿とことばかけがあることで，食べられるようになることもある。共感が行動の動機へと広がっていく。共感は，「できにくさ」に向かうとき，大きな力になっている。

□なかなか並んで歩くことや走れない子どもたちに，「ちゃんと並んで走りなさい」と言っても，できないことが多い。そんなとき，「1・2・3・4 ALSOK！」と，CMの掛け声をする。並んで走る姿と楽しさが子どもたちに伝わり，その合言葉をきっかけにできるようになることもある。大人の楽しいイメージが子どもの行動を作り出していく。

□上手な大人の演技に乗せられて，つい行動してしまう子どもたち。

□ほめられるとうれしくなって，次もがんばろうと思う子どもたち。

□一度失敗しても，「大丈夫」と手がかりを提案してもらえたことで，力がわいてきて，どうすればよいのかがわかってくる。

□自分の失敗した悔しい気持ちを聞いてもらえると，元気になってくる。

□自分のプチ自慢を聞いてもらえると，ますます次もがんばろうという気持ちがわいてくる。

□提案された学習をがんばっているうちに，いつの間にか苦手なことができるようになる。

□意味づけ，楽しさ，動機づくり，共感，癒し，安心，力の源，行動の味つけ，成功までの道筋などの役割を担いながら，人が人を育てていく。

132 1と1で何？ 11の謎

　明君と紗希ちゃんが一緒に算数の勉強をしている時のこと。1から10までの数字の勉強をしている明君。1から20までの数字の勉強をしている紗希ちゃん。2人は，並んで勉強している。その時突然，隣の紗希ちゃんの勉強の様子を見ていた明君が，自分の左手と右手の人指し指を1本ずつ立てて，「1と1，何？」と尋ねてきた。

　明君は，瞳をまん丸に見開いている。驚きにあふれた表情。どうやら明君は，紗希ちゃんが書いていた「11」という数字を見て驚いたようだ。明君にとって，初めて見る数字（世界）との出合い。

　どうして，明君は「11の謎」に気づいたのだろう。実は2人は，ずっと並んで勉強していた。昨日だって，紗希ちゃんは隣で「1〜20」までの勉強をしていた。でも，明君が気がついたのは，紛れもなく今日だった。もしかしたら，10までの勉強がわかってきた今日だからこそ，隣の紗希ちゃんの11以上の数の存在に気がついたのかもしれない。自分が勉強している「10」と似ていて，少し違う「11の謎」。

　明君が発見した「10」と「11」の違いを，具体物を使いながら考えた。一の位と十の位の意味を初めて理解し，一気に「19」までの数を解き明かしていく。明君の表情に挑戦者の達成感を感じる。

　人間は，転びながら歩くことを覚えていく。自分の中に生まれた新たな世界への疑問に向かい，間違えながら（転びながら），新たな世界をつかんでいく。決して，教えられたことを覚えるという単純な道筋ではない。子どもは常に，子どもなりに新たな世界をつかんでいる。子どもは，学びの主体者だ。子どもを学びの主体者と思えたとき，子どもの発見・疑問（時には，それは大人には間違いにも映る）に，私たち大人はワクワク・ドキドキしていく。子どもの疑問と学びへの挑戦に大人が育てられていく。いくつもの未知なる世界を切り拓いていく素晴らしい瞬間と立ち会うことができる。学び術とは，子どもが未知なる世界を極めていく挑戦へのスキルといえるかもしれない。

133 あたかも自分で

「事は十中八九まで自らこれを行い，残り一，二を他に譲りて功をなさむべし」
(明治維新の幕明け前夜に活躍した坂本龍馬のことば)

このことばの「他に」の部分を「子ども」と置き換えてみよう。
「十中八九まで大人が支え，残り一，二を子どもに譲りて成功体験を作る」
子どもは，成長のエネルギーに満ちている。1人で，どんどん成長しているように見えるときさえある。しかし，初めからそのエネルギーに満ちあふれているわけではない。特に，発達障害のある子のように何かの「できにくさ」を抱えている場合，教育という営みの中で成功体験を積み重ね，成長へのエネルギーを生み出していくことが大切になってくる。成長したいという子どもとそれを支える大人の関わりを意図的に育てていくことが求められる。

「ほめる種」をまくという考え方がある。(『灯し続けることば』大村はま，小学館) ほめることはもちろん大事だが，なかなかほめられる機会が少ない子どももいる。そんなとき，ほめられるような行為があった時だから，ほめるのだけではなく，ほめられることが生まれるように，あえて「ほめる種」(その子の行為がほめにつながるような仕込み) をまいていく。この「種をまく」行為や，それを実らせていく行為こそ，まさに「事は，十中八九まで大人が支え」にあたる。子どもたちは，「ほめる種」の存在を知らずに，「あたかも自分」ががんばってほめられたような感覚になれる。最初は，それでいいと思う。特に，発達障害のある子にとって，「十中八九」支えてもらい，「残り一，二」を自分でがんばった。それでも認められることから，次の活動のエネルギーが生まれてくる。この「あたかも自分」での活動の積み重ねが，いずれ本当の自分の力でがんばる力へとつながっていく。「十中八九」が「十中六七」へ，そして，少しずつ子どもが自分でできる割合が増え，自分でがんばれる力が育っていくことで，真の「自我」が生まれてくる。

多くのサポートを受けながらでも，「あたかも自分で」活動し，その中で「学び術」を会得し，「自我」の成長へとつなげていく。

134 心と支えの距離感（□を離すな）

◇次のことばは，「親の心得」についてまとめたことばである。□の中に，ことばを入れてみよう。

| 赤子には□を離すな |
| 幼児には□を離すな |
| 子供には□を離すな |
| 若者には□を離すな |

このことばの中には，子どもの成長過程での子どもと大人の心の支えの距離感が見事に表されている（埼玉県秩父市にある秩父神社の境内に掲げられていることば）。

「赤子には肌を離すな」。赤ちゃんの時には，スキンシップが必要。肌を通じて，安心感が生まれ，肌を通じてコミュニケーションしている。

「幼児には手を離すな」。子どもは，成長に伴って親の肌から離れていく。肌から離れていく子どもは，「自分で～したい」という気持ちが芽生えてくる。しかし，すぐに1人でなんでもできるわけではない。手をつないで一緒に行動し，伝え合うことから活動の仕方を学んでいく。この時期は，子どもが「自分で」と思いながらも，一緒に行動してくれる大人の存在が力になっていく。一緒に行動してくれる大人の「手」が成長の鍵になる。

「子供には眼を離すな」。一緒に行動してくれる大人から，子どもたちは少しずつ離れ，行動範囲としても行動の内容としても，「自分の世界」でがんばり出す。この時期は，大人との距離感も眼が届くくらいがちょうどいい。いざとなったら助けも必要だが，基本，自分でがんばる。しかし，がんばったときには，認めてもらえる眼がある距離感が成長のエネルギーになる。

「若者には心を離すな」。一緒に行動するわけでもない，いつまでも見守られるだけでもない。子どもの思い（心）を信じて，子どもが歩いていく姿を見守る。「仲間とともに」「私の中の私たち」と対話しながら自分の力で歩き出す子どもたち。自分の力で自分の道を歩き出す子どもの心意気を信じていく。

成長に合った，心と支えの距離感が，子どもの自我を育てていく。

135 ～君ものさし（3つの目と時間）

◉ 課題内容／基本バージョン ◉
◇子どもの成長を見守る目を身に付けよう。

◉ 活動の意味 ◉
○子どもの成長を「～君ものさし」（一人一人の成長のスピード）で見守る。
○3つの目と時間で一人一人の成長の尺度（～君ものさし）で見守っていく。
○3つの目（視点）…子どもの目，大人の目，俯瞰の目。
子どもの目→子どもから見て，その成長はどう映っているのか。
大人の目→子どもを育てる観点から，その成長はどういう意味があるか。
俯瞰の目→客観的に子どもと大人の関わりをとらえる。
○3つの時間…短期，中期，長期の時間。
短期→今日の変化，単元による変化など，短い時間での変化をとらえる。
中期→1か月単位から学期単位くらいの時間の経過の中で変化をとらえる。
長期→1年から4，5年の単位で成長を見守る。今はすぐに変わらなくても，
　　　精一杯の「今」が，「明日」を作っていく。

◉ 学び術のポイント ◉
□一人一人に合った成長のものさしで見ることで，少しの成長の跡も見つけることができる。小さな変化でも見つけることができると，子どものがんばりを見つけやすく，「ほめどころ」を外さずに子どもに返してあげられる。
□むやみに先を急ぐわけでもない。今をおろそかにするわけでもない。今のその子なりのがんばりどころを作っていく。
□成長の過程では，個々の「できたり・できなかったり」「行きつ戻りつ」の成長の葛藤がある。成長の「行きつ戻りつ」に寄り添っていく。
□「できない」ことだけを見つけるのではなく，「どこまでできているのか」「できそうなことは何か」「できるための手がかりは何か」を見つけていく。
□「～君ものさし」による方向，目標，スピードを共有すると，個にとっての成長の背景と意味がわかるので，互いの喜びがよく見えてくる。

136 ぼくの熱血

　和哉君と修学旅行に出かけた。和哉君は，筋ジス症のため，指と首を動かすのがやっとの状態。首の支えも，一度，首がガクンとなってしまったら，自分では戻せない。車いすで移動している。

　修学旅行では，グループに分かれて福島県会津若松市内の名所をいくつか巡る。その途中で，飯盛山に行った。飯盛山は，会津若松市街が見渡せる小高い山。車いすではなかなか行きづらい。でも和哉君は，どうしても登りたいと言う。どうやって行こうかと考えていたら，飯盛山の脇に軽トラックがお土産などを運ぶ道を見つけた。決して登りやすい道とはいえないが，なんとか車いすでも登れそうな坂道だった。一大決心。飯盛山の見晴らしを求めて，和哉君と一緒に登ることにした。

　和哉君は6年生でも一番体格が大きい位だった。車いすで坂道を登って行くので，3人のサポートで登ることにした。私が車いすを押す。校長先生が，いざという時に備えて後ろから来てくれる。何かの時に支えてもらえるのは助かる。支えてもらえると思うと，やれるところまでがんばれる。もう1人の先生は，前を歩き，危険なものを取り除いてくれた。

　なんとか汗だくで，見晴らしのよいところまで登ることができた。その時突然，和哉君が，汗だくの私に「結構，熱血！」って話してくれた。意を決して，苦労して登ったこともあり，私はてっきり「先生は，結構熱血なんだね」と言ってくれたと思い込んでしまった。ちょっぴりうれしくもなった。でも，少し様子が違う雰囲気を感じた。私は，和哉君の次のことばを待った。

　「ぼく，初めて，こういう坂道登ったよ」

　「ぼくって，結構，熱血なんだよ」って，話してくれた。

　そこで，やっとわかった。一瞬でも早合点した自分が恥ずかしかった…。

　坂道を登っている時の和哉君の様子を振り返ってみよう。

　登っている途中，もし一度でも，坂道の角度に負けて首がガクってなってしまっていたら…。私は手がふさがっている。自分では戻せない。どうしよ

うもできない状態になる。それがわかっている和哉君は，車いすの上で，自分の首を支えることを必死にがんばっていた。何が恥ずかしいかといえば，和哉君が話してくれるまで，私は，自分ががんばっていたつもりでいた。子どものがんばりではなく，自分ががんばっていると勘違いしていた。子どもに言われるまで，それに気がつかないでいた。

　でも，和哉君はちゃんと教えてくれた「(先生もがんばってくれたかもしれないけど)。ぼくはがんばったよ。首を支えるのも結構大変なんだよ。ぼく，がんばっていたんだよ。ぼくって，結構熱血でしょう」

　指と首しか動かない体で，首を支える「熱血」の大切さを，和哉君が教えてくれた。和哉君が教えてくれなかったら，子どもたちの「熱血」を危なく見過ごすところだった。

　発達障害のある子もない子も，得意なこと，不得意なことを抱えながら懸命に生きている。そして，発達障害のある子の「できにくさ」は，他から見えづらいことが多い。それだけに，もしかしたら子どもなりに一生懸命にがんばっている「熱血」を見過ごしてしまうことがあるかもしれない。もし，「人生の分かれ道」で懸命に生きている子どもたちの「熱血」を見過ごしていたら…。

　どんな時でも，どんな子でも「ぼくの熱血（一生懸命）」があるはず…。
　「ぼくって，結構いい感じ！」を目指しながら，「ぼくの熱血」を発揮している子どもたち。「熱血」の向こうに，「ぼくって，結構いいよね」って自慢できる体験を作れるかどうか，難しい課題だ。でも，最も大切な課題であることを和哉君が教えてくれた。

　「ぼくの熱血」を抜きには，学び術は語れない。

137〜146　学び術，10の極意

137 極意①学習は，情報の正確なキャッチから始まる

　情報（条件）のキャッチを間違えてしまうと，学びのための活動のやり方まで間違えてしまう。情報を単純化し，情報のポイントを逃さないようにする。キーワードやキーセンテンスをキャッチする。メモ，箇条書きなどでまとめる。情報を整理できるワークシートに記入する。見落とし・聞き逃し・記憶忘れに備えて，情報を残す方法，探す方法を決めておく。正確なキャッチと理解のために「聞く力」「ワーキングメモリー」を鍛えていく。

138 極意②文脈の流れや手順の整理をする

　学習には，課題を進めるための意図，意味の流れ，手順がある。情報を手順に沿って整理できると，活動しやすくなる。フローチャートのように図式化，起承転結にまとめる。自分なりの記号を作る。大事なことには，印をつける。文脈や手順の整理術を身に付ける。手順をシミュレーションする。文脈の理解や段取り力のために「読む力」「プランニングの力」を鍛えていく。

139 極意③視覚化する。五感を使う

　ことばや文字だけでは，わかりづらい課題のときは，図式化する。時には，動作化してみる。ビデオ，写真，体験などを活用する。

140 極意④手がかり（ヒント）を探し，ゴールをイメージする

　課題には，必ず問題解決の「手がかり」がある。手がかりになりそうなキーワードを見つける。自分で「手がかり」が見つけられたら，もう一人前。わからないときには，ヒントを聞く。どんなゴール（結果，答え）を目指しているのか，ゴール（答え）から逆算して考えることでわかることもある（可逆の思考）。ゴールのイメージをもって取り組む。

141 極意⑤視点をいろいろ切り換える

　「〜になったつもりで」考えてみると，新たに気づくこともある。時には，問題を作る役，出題する役をしてみる。また，ミニ先生役をすることで，より深くわかってくることもある。劇化（ロールプレイ）してみる。

142 極意⑥いっぱいのモデルを見つける。友だちの力を借りる

　モデル（教科書，資料，友だち）を見つけると，具体的に活動が見えてくる。友だち（他者）の考えから，手がかりが見つかることもある。時には，友だちと話し合って解決していく（グループダイナミックス）。

143 極意⑦学びの拠り所を見つけ，スモールステップしていく

　わからない問題が出てきたら，今までの学習から類似問題を見つけ，数字を単純化してみる。問題の量や難しさなど，できそうなところから段階的（スモールステップ）に進めていく。難しいときには，「ヘルプ」「アシスト」をお願いする。「わからないときには，自分で調べる」という習慣を身に付ける。

144 極意⑧振り返って考える。自分の間違いを見つける

　間違いは誰にでもある，でもそれを修正できるかどうかが分かれ道。自分の間違いを見つけ，それを直せる力を身に付けていく。時には，勉強したことを誰かに話す。誰かに話すことは，学習を振り返っていることになる。勉強の証が認められると，次へのエネルギーになる。学習のポイントを整理していく。3色で答え合わせ（赤丸→1人でできたこと，青丸→手がかりがあってできたこと，緑丸→教えてもらってできたこと）をすると，これからの対策が見えてくる。

145 極意⑨自分に合った学び術を見つける

　自分の得意なことを活かす。耳で聞くとわかる。目で見るとわかる。パターン（例）を使うとわかる。繰り返しやればわかる。テンプレートがあれば，なんとかできる。カルタ式にまとめると覚えやすい。順序に沿って考えればわかる（継次総合）。場面ごとに整理して考えれば，わかる（同時総合）。自分の得意な学習パターンを見つける。

146 極意⑩今の自分を乗り越えるわくわくを楽しむ

　学習において，最初からわかったり，できたりすることは少ない。学習し，試行錯誤しながらレベルアップしていく楽しさを味わっていく。「わからない」の先に未来が見えてくる。次のレベル（段階）が見えてくると，意欲もわいてくる。「今の自分」が乗り越えられると，気持ちがいい。

147 学びを支えるサポート術

□**理解→サポート・活動→学び→自我の成長**のプロセスの中で学びの意味をとらえる。

　子どもの理解から，子ども目線で大事な活動や学びの方向を考える。
　サポートによって積み重ねた活動が，学びを作り，力をつけていく。
　サポート術と学び術の両輪で子どもたちは成長していく。
　学び術の会得が，自我の成長を生み出していく。

□**何を，何のために，どのように**学ぶのか，そこが鍵。

　子どもの状態と特性に合った「◇何を」「○何のために」「□どのように」が見えてこそ，子どもにとって意味ある「学び」になっていく。

□**課題内容の選択**がポイント。

　今，その子の成長が求めている課題，その子の成長にとって意味のある課題（**ジャストステップ**）を選んでいく。しかし，「□どのように」学習するのかを工夫することによって，「○何のために」学習するのかの意味が変わってくる。学び方の工夫（学び術）次第で，「できにくさ」に合った学習の方法に変えていける。どんな課題でも，学習のやり方によって学習の意味が変わっていく。

□子どもの**動機**が決め手。

　子どもの動機によって，学習の滑り出しは，大きく違う。「なぜ？　どうして？　ぜひ知りたい」「ぼくもできるようになりたい」「楽しそう」など子どもの動機づくりが一番のポイントになる。

□**1つの「学び」が大きな変化**を生み出すこともある。1つの力の伸びは，他の力の伸びへとつながっていく。

　例：授業中，眠ることで逃避していた子が，「わかる」「できる」が見えてくると，授業への参加が増え，行動が意欲的になってきた。
　　　文字が書けるようになったら，校庭の線に沿って走れるようになった。
　　　文字を判別できるようになったら，視力検査ができるようになった。

ノートに文字が書けるようになったら，教室を飛び出さなくなった。
落ち着いて手順を考えるようになったら，漢字の書き順がわかった。
パズルができるようになったら，ものを整理する力もついてきた。
　　1人で書く力がついてきたら，授業中,黙って考えられるようになった。
□できそうな課題の小さな成功（**インスタントサクセス**）を積み上げていく
（**スモールステップ**）。
　最初から多くを望まない。でも，学び術がわかってくると変わってくる。
　例：できそうなことから始め，小さな○（ちょっとした成功）を見つけて
　　　もらった。小さながんばりを認めてもらえてうれしかった。
□学習方法を定着させていく（**ガイド，リード，フォーマット**）。
　学習の始めには，子ども自身が学習の思考，手順を見通せるようにしていく（ガイド）。一緒に活動し，わかってくることもある。学習の流れを定式化（フォーマットされた**パターン**）していると，参加しやすい。フォーマットされたワークシートを使うことで，学び方をリード（誘導）していける。ただし，少しずつ変化にも対応できる要素も付け加えていく（**柔軟性**）。
□学習の**証**（**ワークシート**，まとめ）を残す。
　証があると，学習の流れをつかみやすくなる。学習内容の定着に役立つ。証を通じて，学習のコミュニケーションがしやすい。証をほめることで，次回のエネルギーが生まれる。テンプレート式のワークシートがあると，学習に参加しやすい。少しずつ，自力解決型や記述式の要素を入れていく。
□**得意，特性に応じた**学習スタイル。
　個々の認知特性に応じた情報の伝え方，手がかり，記憶の残し方を配慮する。子どものいいところを認め，拡げていく。また，個々に応じた，ネガティブをポジティブに切り換えるサポートを見つけていく。見つけたサポート術は，記録化し，継続できるようにしていく。
□目の前の課題ができるだけでなく，**次に活かせる**ように学んでいく。
□どんなサポートもタイミングを見て，いずれ**フェードアウト**していく。自らの力で学習できる学び術を身に付けることを目標とする。

148 チームでサポート術と学び術のリレー

　子どもは，1年だけで成長するわけではない。教室だけで成長するわけではない。1人の大人の力だけで育つこともない。長い時間をかけて，いろいろな場で，多くの人の力を借りて育っていく。子どもの育ちに関わる人たちが連携し，1つのチームとして関わっていくとき，大きな力となっていく。

　チームが力を発揮するためには，「問題の共有」「願い（思い）の共有」「情報の共有」が大事になってくるが，その中でも「手立ての共有」が必要になってくる。子どもの役に立つ「サポート術」と「学び術」を共有していく。

　もし，時間とともに，子どもを支える人が変わっていくならば，子どものための「サポート術」と「学び術」をリレーしていくことが求められる。

　チーム力を上げるとき，「暗黙知」（主観的で言語化することができない知識）を「形式知」（客観的で言語化できる知識）にしていくことが大切といわれる。誰かがわかっているだけで終わるのではなく，みんなでわかり合えるように伝え合っていく。知恵を「共有」し，次のチームへ「リレー」していく。

　何を（課題内容），なんのために（成長・発達への意味），どんな方法で（学び術），どんな配慮（サポート術）をしながら，学んでいくのか。「〜君の学習ステップ」（個別の指導計画）を作るとは，その子に合った「理解，サポート術，学び術，自我の成長」をまとめていくこと。その子に合ったサポート術と学び術をチームで共有していると，その効果は大きい。

　子どもと見つけてきた，今までの「サポート術」と「学び術」の財産を，その子を取り巻く人たちと共有していく。これから出会うであろう人たちにも伝え，共有していくことができたら，どんなにかいいだろうか。チームとしてリレーの「術」を磨いていこう。

149 「できにくさ」と向き合う力

　子どもたちは，どうやって「できにくさ」と向き合う自分を作っていくのだろう？
　やさしく自分の葛藤や不安を聞いてくれる人。
　自分の話を楽しく聞いてくれる人。少しのことでも，ほめてくれる人。
　小さな成功でも，一緒に喜んでくれたり，認めてくれる人。
　苦手な勉強でも，自分に合ったやり方を模索しながら，導いてくれる人。
　そんな人たちがそばにいて，自分のネガティブな気持ちや状況を理解しながら，ポジティブな部分を認めてもらい，ネガティブを切り換えて，成功してきた体験。
　自分の「できにくさ」と一緒に向き合ってくれた人との体験。
　このそばにいて支えてくれた人との体験が，
　不安と向き合う力として，苦手なことに向き合う勇気として，
　もっと，こうできるかな，もっとこうできるかもという自信として，
　もっと，こうなりたいというあこがれとなって，
　自分の心の中に映り込んでいく。
　一緒に支えてくれた人の姿が，「できにくさ」があっても，自分を励まし，向き合う「勇気と力」になっていく。
　一緒に支えてくれた人との歩みの積み重ねが，自分を強くしていく「もう1人の自分」を心の中に作っていく。
　支えてくれる人の一つ一つの行為が子どもの心の「もう1人の自分」（心のリュウ）になっていく。「できにくさ」と向き合う自我になっていく。
　心の中の「もう1人の自分」（心のリュウ）がつぶやく。
　「この調子で学んでいけば，結構いい感じになれるかも…。もうひとふんばりしてみようか。もっといい気持ちになれるかも…。自分のハードルを乗り越えるとき，いい風が吹いてくるよ。きっと，君なら大丈夫！　もう，いっぱいの人とつながっているのだから…」

150 私の勉強, どこからくるの？

　20年ほど前, ほのかちゃんと勉強している時のことだった。
　勉強の手を休めたほのかちゃんが, 目を丸くして私に質問してきた。
　「私の勉強, どこからくるの？」
　見事な質問だ。
　とっさに思いついた,「教科書にあるからだよ」「みんなも勉強しているからだよ」の答えでは済まされない気がした。
　ほのかちゃんの思いは, なんだったんだろう。
　教科書に決められているから勉強する。みんなもやっているから勉強する。それは, 当然かもしれない。でも, 私が望む勉強は, もっと, もっと, 奥が深いの。「私の勉強は, どうやって決めているの？　どこにつながっていくの？　それを考えてね」と言われているようだった。
　それからは, 日々の子どもたちの勉強を考えるとき, いつもほのかちゃんの質問がよみがえってくる。子どもたちの勉強はどう決めていけばいいのか。
　もちろん最初は, 子どもたちが「困っていること」から考えていく。「困っていること」がクリアできたら, どれだけ子どもたちが楽になっていくのか。その後の道が明るくなることを願いながら…。
　子どもの成長・発達が要求している。子どもの成長・発達には, ある程度の方向性, 法則がある。それを見抜いて, 今の「できること」「できそうなこと」を見極めつつ,「できにくさ」を乗り越えていくために必要なこと, 次の発達を切り拓いていくために必要なことを考える。
　子どもがすてきに, ハッピーになっていくこと。
　将来のために, 進路のために必要なこと。
　子どもの成長を願う親の思いを受け止めていく。
　子ども自身が知りたいと思うこと, わかりたいと思うこと, 楽しいと感じることに応える。子ども発信から考える。動機は, 私が決めるのではない, 子どもが決めること。それを大事にしていると, 学習に勢いが生まれてくる。

だからといって，まったくの子どもの自由で終わるわけにもいかない。学びの先には，社会（みんな）が見えてくる。
　社会的に自立するために，社会が要求している面もある。勉強の内容自体（極端にいえば，教科書の内容）が，社会的な要求の歴史的な積み重ねから決まってくる。ゴールは，一人一人が社会に役立つことを目指している。
　そして，子どもたちが未来を切り拓いていってほしい…という願いから。
　どうやら答えは，1つではないのかもしれない。一人一人の気持ちや状況によっても，答えが変わるときもあるだろう。しかし，やっぱり普遍的な部分を考えなくてはいけない。考えても，考えても，相当難しい問題だ。
　私が明確な答えを出せないまま，もう直接話せなくなったほのかちゃんと，夢の中で，質問の続きを話す。
　「う〜ん，難しい質問だなぁ…。ほのかちゃんは，どうしたいの？」
　「この勉強がわかるといいなぁ〜。わかったら気持ちいいだろうなあ〜」
　「そうだよね…」「そしたら，少し幸せな気持ちになれるかも…」
　「本当だ，そうなれるといいね」
　「そして，そして…」「まだ，あるの？」
　「私が，誰かの幸せの役に立てたら，いいかなぁ…」
　（それは，すごい。それができたら，どんなにいいだろう）
　「だから，勉強しようかな…，あともう少しで，この問題わかりそうだし…」

　「"学ぶ" のも，そう悪くないよ…」
　「だから，先生も，私の質問を考えてみてね。ほのかの質問の答えがわかったとき，きっと誰かの幸せにつながるかもしれないよ…」
　やっぱり，まだまだ新たな子どもと出会うたびに，ほのかちゃんの質問の答えを考え続けていくことになるだろう。でもそのとき，本書が，考える手がかりになっていたら，ほのかちゃんも笑ってくれるだろうか…。

【著者紹介】

添島　康夫（そえじま　やすお）
埼玉大学教育学部教育学科卒業
埼玉大学教育学部附属特別支援学校，
埼玉県立久喜特別支援学校，
埼玉県蓮田市内の特別支援学級，
ことばの通級指導教室，
発達障害の通級指導教室
など，特別支援教育を30余年担当。
ここ10余年，通常学級の気になる子の巡回相談を担当。

著書
『発達障害のある子の「育ちの力」を引き出す150のサポート術』（明治図書）
『子どもの中にことばを見つけて』（ぶどう社）
『ことばをはぐくむ歌あそび』（ぶどう社）

イラスト　岸本祐子

発達障害のある子が育つ150の学習課題＆学び術

2016年9月初版第1刷刊　Ⓒ著　者　添　島　康　夫
　　　　　　　　　　　　　発行者　藤　原　光　政
　　　　　　　　　　　　　発行所　明治図書出版株式会社
　　　　　　　　　　　　　　　　　http://www.meijitosho.co.jp
　　　　　　　　　　　　　（企画）佐藤智恵　（校正）㈱友人社
　　　　　　　　　　　　　〒114-0023　東京都北区滝野川7-46-1
　　　　　　　　　　　　　振替00160-5-151318　電話03（5907）6703
　　　　　　　　　　　　　ご注文窓口　電話03（5907）6668
＊検印省略　　　　　　　　組版所　長野印刷商工株式会社
本書の無断コピーは，著作権・出版権にふれます。ご注意ください。

Printed in Japan　　　　　ISBN978-4-18-250017-6
もれなくクーポンがもらえる！読者アンケートはこちらから　→